なぜ格差は広がり、
どんどん貧しくなるのか？

『資本論』

について
佐藤優先生に聞いてみた

佐藤優 監修

Gakken

はじめに

『資本論』が予言した資本主義の限界

今から150年ほど前、ドイツ生まれの経済学者で哲学者のカール・マルクスはその著書『**資本論**』で、**労働者が悲惨な状況に置かれる資本主義というシステム**を詳細に分析し、**資本主義の抱える根源的な問題点を論理的に説明**してみせました。このマルクスの理論の影響下で1917年にロシア革命が起き、資本主義社会のアンチテーゼとして社会主義国家が誕生。世界各地に革命は拡散し、東欧諸国、中国や北朝鮮、ベトナム、キューバなど多くの社会主義国家が樹立しました。

これに危機感を持ったのが、資本主義体制の国（いわゆる西側諸国）の政治家や資本家たちです。労働者をこのまま酷使して、低賃金で働かせ続けたら、いずれ彼らが反旗《はんき》を翻《ひるがえ》してロシアのように社会主義革命が起きるのではないか。そうした資本主義陣営の恐怖心から生まれたのが資本主義体制に社会主義的な要素を取り入れた、**修正資本**

主義（＝ケインズ経済学）や**社会民主主義的な考え**です。
前者においては、マルクスが問題視した失業の問題を政府が積極的に市場に介入して雇用を創造し、労働者に仕事を与えることで解決しようとしました。後者においては、労働者に失業保険や年金、医療保険などの手厚い保護を与えて、労働者から革命を起こそうという気持ちを削《そ》ぐのに成功しました。

これは日本社会も同じです。30年前のバブル崩壊前の日本では、少なくとも日本型資本主義（日本型社会民主主義と言い換えても良いでしょう）が機能していました。年功序列や終身雇用を保障し、労働者に手厚い社会保障を与える日本の社会システムは、**世界で一番成功した社会主義**とまで言われました。ちなみに、こうしたことが可能だったのは戦後のある時期まで大学の経済学部にマルクス経済系の教員が多くいて、将来の官僚や大企業のトップなどの指導者層がマルクスの著書を読んでいたからです。
しかし、時代は流れ、1991年にソ連が崩壊すると、「社会主義＝失敗した理論」、「マルクス＝時代遅れの思想家」という風潮が強くなり、大学からもマルクス経済学の講座は急速に消えていきました。そして、バブル崩壊後の失われた30年間に台頭してきたのが、政府が市場に干渉せず放任することにより国民に最大の公平と繁栄をもたらすと信じる「新自由主義」的な考えです。これは、過度な社会保障や福祉・富の再分配は政府の肥大化を招き、企業や個人の自由な経済活動を妨げると批判するものです。

これは**社会主義が敗北し、資本主義の一人勝ちになった結果、生まれた現象**です。すべてを市場（商品市場だけでなく、労働市場も含めて）の自由競争に任せればうまくいくという「市場原理主義」においては、150年前にマルクスが分析した資本の剥《む》き出しの暴力性が極めて残酷な形であらわになります。

ソ連などの社会主義国家が存在したときは、革命をおそれて資本家や国家は労働者をある程度大事にしましたが、社会主義が廃《すた》れた今では、なにも恐れるものがありません。労働者の権利を次々と奪い、より安い賃金で働かせて徹底的に搾《しぼ》りとっても何ら問題はない……。そんな**歯止めのきかない資本の残酷な論理**がグローバリゼーションとともに日本を始めとする世界を席巻《せっけん》し、それゆえ、格差社会の拡大（P76参照）やワーキングプア（P74参照）、過労死（P60参照）、環境破壊（P116参照）などの諸問題が私たちの目の前にリアルな形で出現したのです。

こうした資本主義のシステムに食い殺されないために、私たちはマルクスの思想に今一度立ち返って、**資本主義が本質的に抱える問題点を学ぶ必要がある**のです。

本書はそうした問題意識から、予備知識ゼロの人でも『資本論』を理解できることを企図して作られました。そのために、平易な解説を心がけるとともに、イラストを用いることで直感的に理解できるようになっています。

本書を読むことで、資本主義に内在する論理を正しく理解し、それと向き合うことができるはずです。資本主義に組み込まれてブラックな労働環境の中、心身ともに病んだり、過労死や自殺をしてしまわないように、主体的かつ戦略的に生きる一助に、本書がなることを願って止みません。

佐藤 優

※本書で引用されている『資本論』のテキストは岩波文庫版（向坂逸郎訳）からのものになります。

なぜ格差は広がり、どんどん貧しくなるのか?

『資本論』について佐藤優先生に聞いてみた

目次

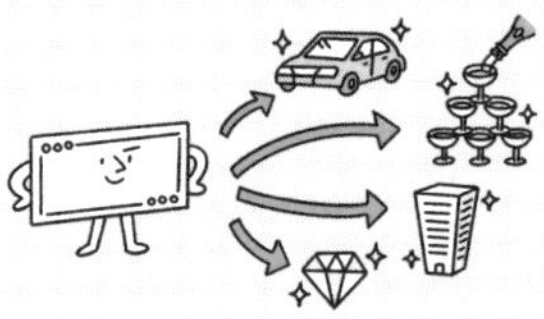

第2章 資本主義は「限界」ってどういうこと？

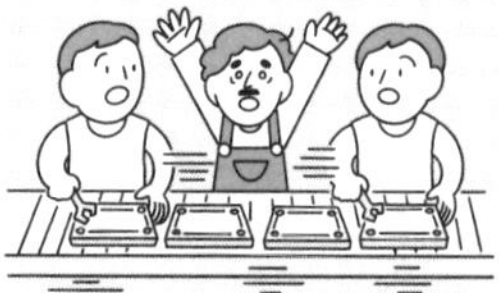

第3章 なぜ、私たちの給料は上がらないの？

第4章 資本は自然からも「搾取」する

第5章 資本主義から身を守る方法を教えて下さい！

『資本論』を今読まなければならない 3つの理由

1 「お金」か「命」で、「命」を選べるようになる

自己防衛 P60、P62ほか

過労死寸前になりながらも毎日残業にいそしんでいる……。そんな状況にある人は今すぐ「逃げる勇気」を持ちましょう。会社を辞めたら生活に困ると思っている方には、次のように問いたいです。あなたは「お金」と「命」のどちらが大切ですか、と。

会社を辞めても失業保険がありますし、最悪、生活保護を受給すれば生きていけます。そうできないのは、あなたが資本の論理に洗脳されているからに過ぎません。『資本論』を学ぶことで、**資本家（経営者）がいかに巧みに労働者から労働力のみならず、心まで搾取《さくしゅ》しているかがわかります。**

2 人間らしい働き方が見えてくる

「疎外」の克服 P72、P88ほか

「仕事にやりがいを感じられない」

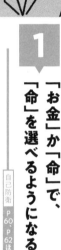

うーん。昨日は終電まで働いて、今日は普通に朝出社……。つらいよ～。
なんで毎日満員電車に揺られて、会社に行かないといけないのかしら？

「毎日会社に行くのが憂鬱《ゆううつ》だ」などの悩みを抱えている方は多いと思います。ただ、そんなことを会社の上司に言えば、社会人失格のレッテルを貼られてしまう可能性も。しかし、おかしいのは周囲の人間、あるいは社会システム、すなわち資本主義体制そのものではないでしょうか。

『資本論』を読むことで、いかに**現代人が労働の喜びから「疎外」されているかがわかります。**働くことは本来忌《い》むべきことではなく、自己実現を達成するための楽しいことなのです。人間らしい働き方を見つけるヒントを『資本論』が示してくれます。

3 自然と人間の関係を見直せる

環境破壊の克服 P116、P118ほか

際限のない利潤の増殖を目指す資本の論理は、人間からだけでなく自然からも搾取・掠奪《りゃくだつ》を行います。経済成長至上主義のもと、このまま地球からレアメタルなどの天然資源を採掘し、化石燃料を燃やして大量の二酸化炭素を排出し続けると、地球温暖化に伴う気候変動など取り返しのつかない環境危機が訪れることでしょう。そのような事態を回避するためにも、**個々人が人と自然との関係を今一度見直すべきなのです。**『資本論』はそのための道標になるでしょう。

地球が悲鳴を上げているよ。
人間と自然との関係を早く見直さないと……。

『資本論』の著者であるマルクスとはどんな人なの?

カール・マルクス

1818年生まれ。現在のドイツ出身の哲学者、経済学者、革命家。イェーナ大学卒業後はライン新聞に勤め、執筆活動を行い、盟友エンゲルスと共に共産主義の重要性を強調。晩年はロンドンに亡命し、1883年にそこで生涯を終える。『資本論』を書き、マルクス経済学の基盤を構築し、後世の経済学者・哲学者に多大な影響を与えた。

カール・マルクスの学問的功績は、資本主義というシステムが持つ負の側面を研究・解明したことにあります。すなわち、**労働者が資本家にどうして搾取され続け、困窮していくのか**を、マルクスは論理的に説明してみせたのです。

こうしたマルクスの考えは、「下部構造が上部構造を規定する」や「万国の労働者よ、団結せよ!」といった言葉に端的に示されています。上部構造は政治・イデオロギー的なシステムを示し、下部構造は経済・生産的システムを指し、下部構造が上部構造を規定することによって社会活動が行われることを表しています。

二番目の言葉は、資本家に労働者が搾取され続ける現象は資本主義下のあらゆる国で起きるもので、それゆえ世界中の労働者が一致団結し、革命を起こすことによって世界のシステムを変える必要があることを主張したスローガンです。

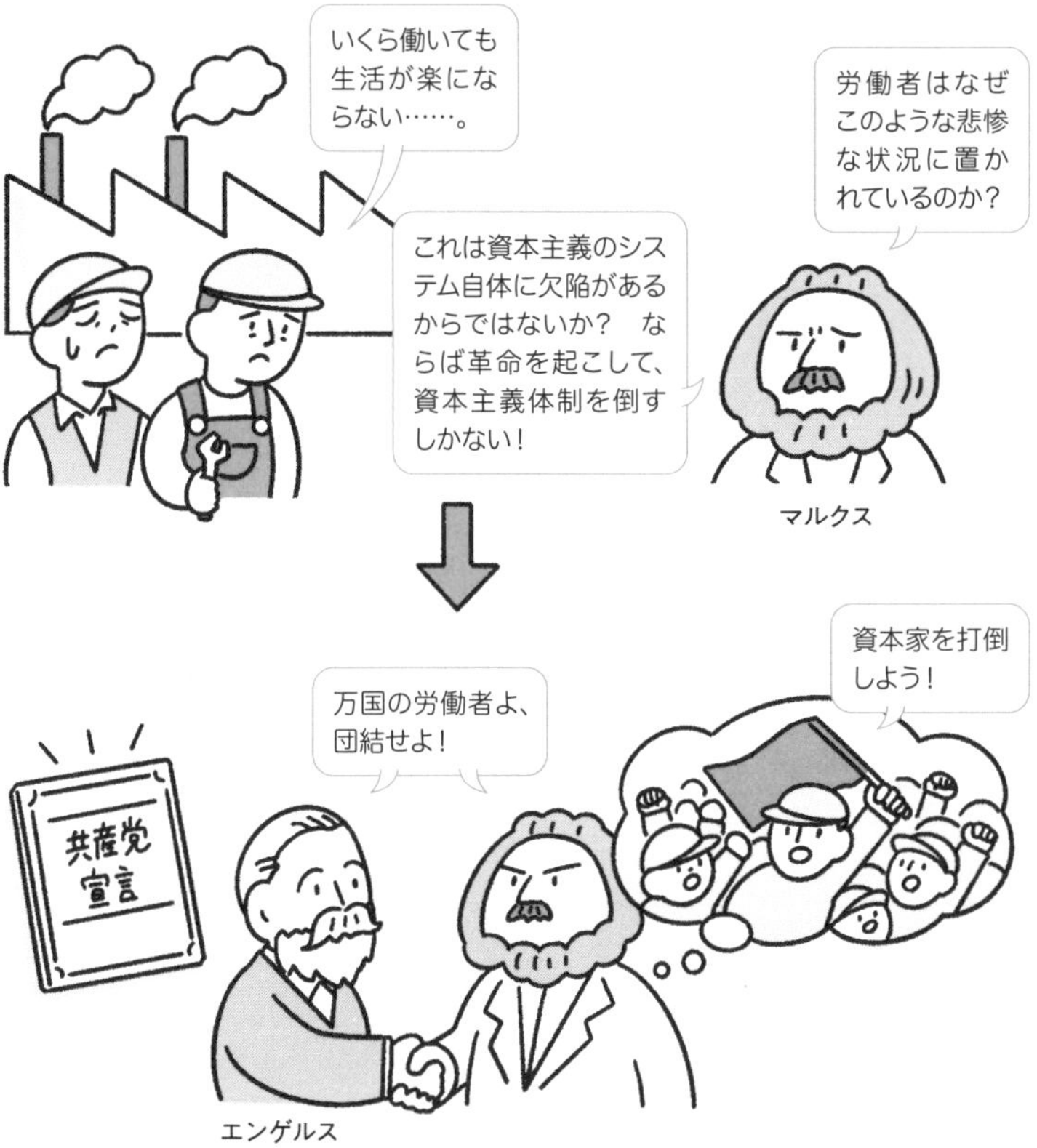
いくら働いても生活が楽にならない……。

労働者はなぜこのような悲惨な状況に置かれているのか？

これは資本主義のシステム自体に欠陥があるからではないか？　ならば革命を起こして、資本主義体制を倒すしかない！

マルクス
共産党宣言
万国の労働者よ、団結せよ！

資本家を打倒しよう！

エンゲルス

マルクスの人間関係としては、盟友フリードリヒ・エンゲルスとの長年の共同研究と友情が有名です。二人には『聖家族』や『共産党宣言』など、多数の共著が存在しています。実は**『資本論』（全3巻）も、第2巻以降はマルクスの死後にエンゲルスが編纂して完成させています**※。また、資本家であり、財力のあったエンゲルスはマルクスの生活を経済的に常に支え続けました。

※マルクスが生きている間に刊行されたのは、全3巻のうちの最初の1巻だけです。残りの2巻と3巻はマルクスが残した膨大な草稿やメモをもとに、エンゲルスがまとめたものです。その意味で純粋にマルクスの著作と言えるのは1巻のみです。

マルクス年譜

1818年5月5日	プロイセン王国トリーアで、カール・マルクス誕生。父はハインリヒ、母はヘンリエッテ。
1830年	トリーアのギムナジウム（中等教育機関）に入学。
1835年	ボン大学に入学。法学を主に学ぶ。
1836年	イェーニー・フォン・ヴェストファーレンと婚約。ベルリン大学に編入。ヘーゲル哲学の影響を強く受ける。
1841年	イェーナ大学で哲学博士号を取得する。
1842年	「ライン新聞」に勤務し、ジャーナリストとしての第一歩を踏み出す。
1843年	イェーニーと結婚。マルクス25歳、イェーニー29歳。この年、パリに移住。
1845年	ベルギーに移住。
1847年	『哲学の貧困』を出版。
1848年	エンゲルスと共著で『共産党宣言』を発刊する。
1849年	イギリスに移住する。
1852年	『ルイ・ボナパルトのブリュメール十八日』を出版。
1859年	『経済学批判』を完成させる。
1864年	第一インターナショナルが結成され、執行部委員に任命される。
1867年	『資本論』第１巻が刊行される。
1871年	『フランスにおける内乱』を刊行。
1875年	『ゴーダ綱領批判』を書き上げる。
1883年3月14日	ロンドンで死去。64歳であった。

※1885年に『資本論』の第2巻が、1894年に第3巻が、マルクスの遺稿をもとにエンゲルスによって編集・刊行された。

第 1 章

これだけは知っておきたい！『資本論』のキホン

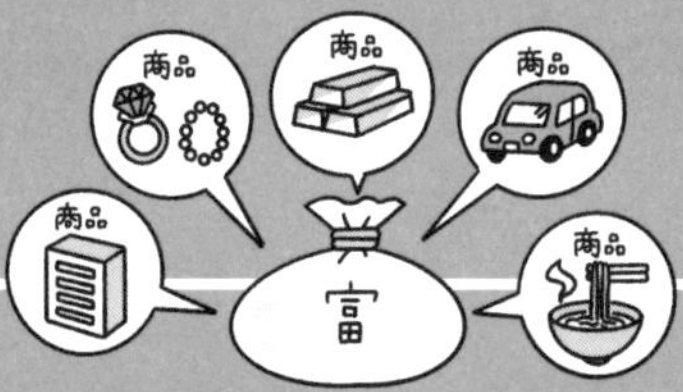

『資本論』の冒頭は、「資本主義社会では社会の富は商品の集合体として現れる」という趣旨の言葉から始まっています。本章では『資本論』の基本をマスターするために、マルクスに倣《なら》って「商品の正体」について主に学んでいきます。

資本論のキホン 1

『資本論』は何の説明から始まっていますか？

お答えしましょう！

資本主義社会における「富」と「商品」との関係を解き明かしています。

■ 資本主義の研究は商品の分析から始まる！

商品
商品
商品
商品
商品
富
社会の富は商品の集合体です。
商品を分析することで、資本主義の仕組みが解明できます。
マルクス

POINT
商品を分析することが資本主義研究の第一歩

資本主義社会では富は商品の集合体

マルクスは『資本論』の冒頭で、次のような有名な言葉を残しています。

「資本主義的生産様式の支配的である社会の富は、『巨大なる商品集積』として現われ、個々の商品はこの富の成素形態として現われる。したがって、われわれの研究は商品の分析をもって始まる」

これをわかりやすく言うと、**資本主義社会では富は商品の集合体であり、それゆえ商品を分**

■みんなの共有財産が商品になった

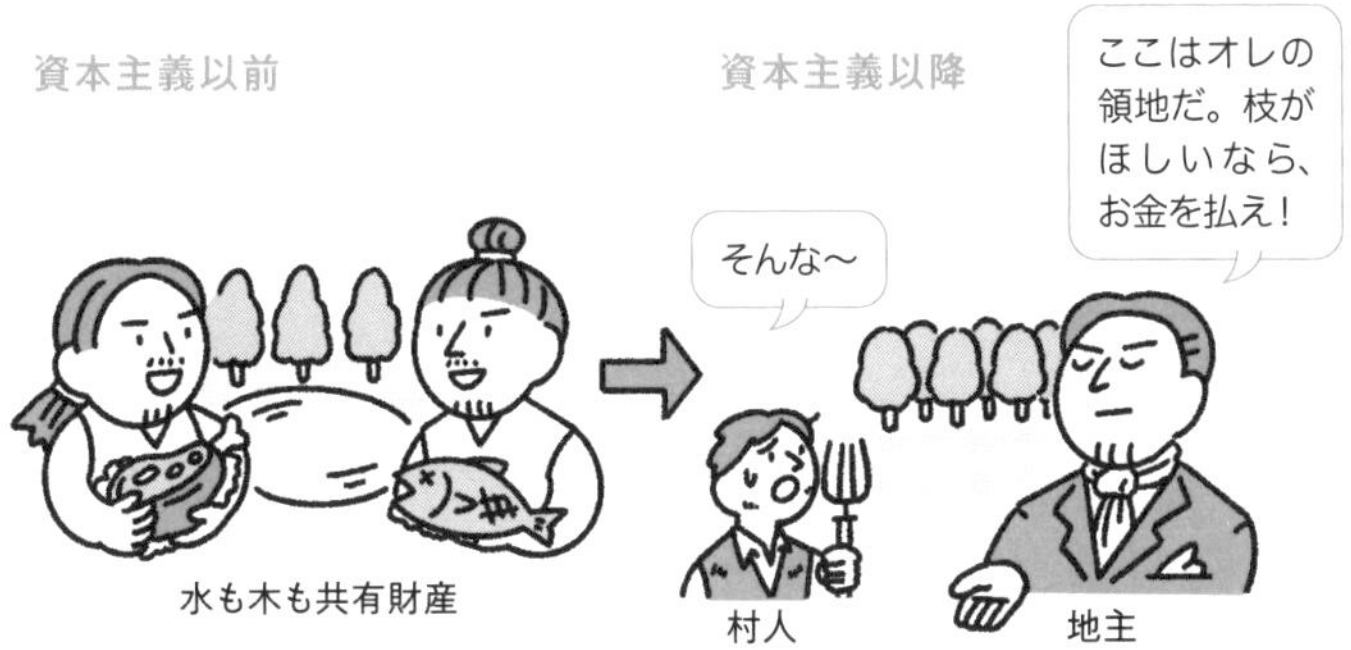
資本主義以前
資本主義以降
ここはオレの領地だ。枝がほしいなら、お金を払え！
そんな〜
水も木も共有財産
村人
地主

析することが資本主義研究の第一歩である、ということです。

みんなの共有財産が商品になった！

資本主義以前の富は、必ずしも商品ではありませんでした。一部の贅沢《ぜいたく》品などが商品として扱われましたが、日常生活に必要な物は自分たちで作ったり、みんなで集めたりしながら生活していました。お金を出して買う商品は広まっていなかったのです。水も森林も人々の共有財産でした。ところが資本主義が生まれると、森に落ちている木の枝までが地主の財産（商品）となり、木の枝で火を起こそうという人が枝を買わなくてはならなくなりました。

このように資本主義の発達によって、誰もがアクセスできるはずだったみんなの共有財産である富が資本家に独占され、すべてに値段が付けられ、**貨幣を介した交換物としての「商品」**になりました。マルクスはこの構造を分析したのです。

KEYWORD

商品……商売の品物。労働によって生み出され、価格を持ち貨幣により交換可能な品物。形を持たないサービスも商品になる。

資本主義はどのようにして始まった？

お答えしましょう！

暴力的に農地を追われた人たちが都市部で工場労働者になったことから始まりました。

■ 資本主義の始まり

POINT
農民を工場労働者に変えたのは二重の意味で効果的だった

農地を追われた農民が資本主義の担い手に

中世のイギリスでは、農民の多くは自営農でした。ところが15世紀ごろから囲い込み運動が起きました。これは地主や領主が、農産物より儲かる毛織物原料の羊毛を生産するために、農地を牧羊地に転換し、暴力を用いて農民を追い出し、土地を囲い込んだことを指します。

追い出された農民は路上生活者などになりました。政府はこれを取り締まり、働かない人間を厳しい刑で罰しました。よっ

■ 資本主義の発展

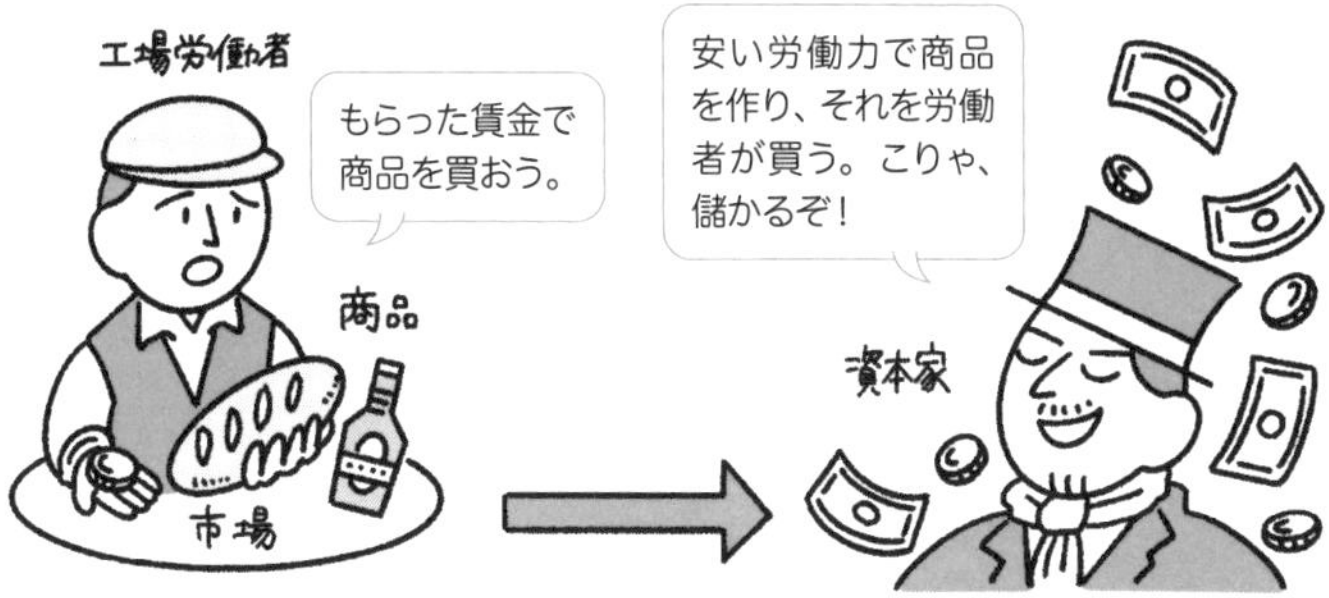
工場労働者
もらった賃金で商品を買おう。
商品
市場
安い労働力で商品を作り、それを労働者が買う。こりゃ、儲かるぞ！
資本家

て多くの元農民は都市に出て、資本家のもとで工場労働者にならざるをえなくなり、資本主義の担い手になったのです。

本源的蓄積で資本主義の基礎ができる

工場労働者は、こうして自らの労働力を資本家に提供しました。その一方で、労働者は生きていく上で必要なギリギリの賃金も得ました。彼らはそのお金で工場（資本主義化された農場を含む）で生産される商品を購入します。**商品の買い手として資本家に市場をも提供した**のです。

こうして二重の意味で資本主義は発展していきました。賃金労働をしなければ生きていけない貧困層である労働者が増える一方で、市場経済が回り始めたことで資本家はどんどん潤いました。

暴力的過程から生まれた、資本主義初期段階のこの資本の蓄積を、「**本源的蓄積**」と呼びます。

KEYWORD

本源的蓄積……農地を奪われ工場労働者になった人が商品生産の担い手になって市場経済が成立していく過程で、資本家の資本が蓄積されていったこと。

商品の持つ〝2つの顔〟とは?

お答えしましょう!

商品には「使用価値」と「価値」という2つの側面があり、「価値」は「使用価値」があるから生じます。

■ いろんな商品の「使用価値」

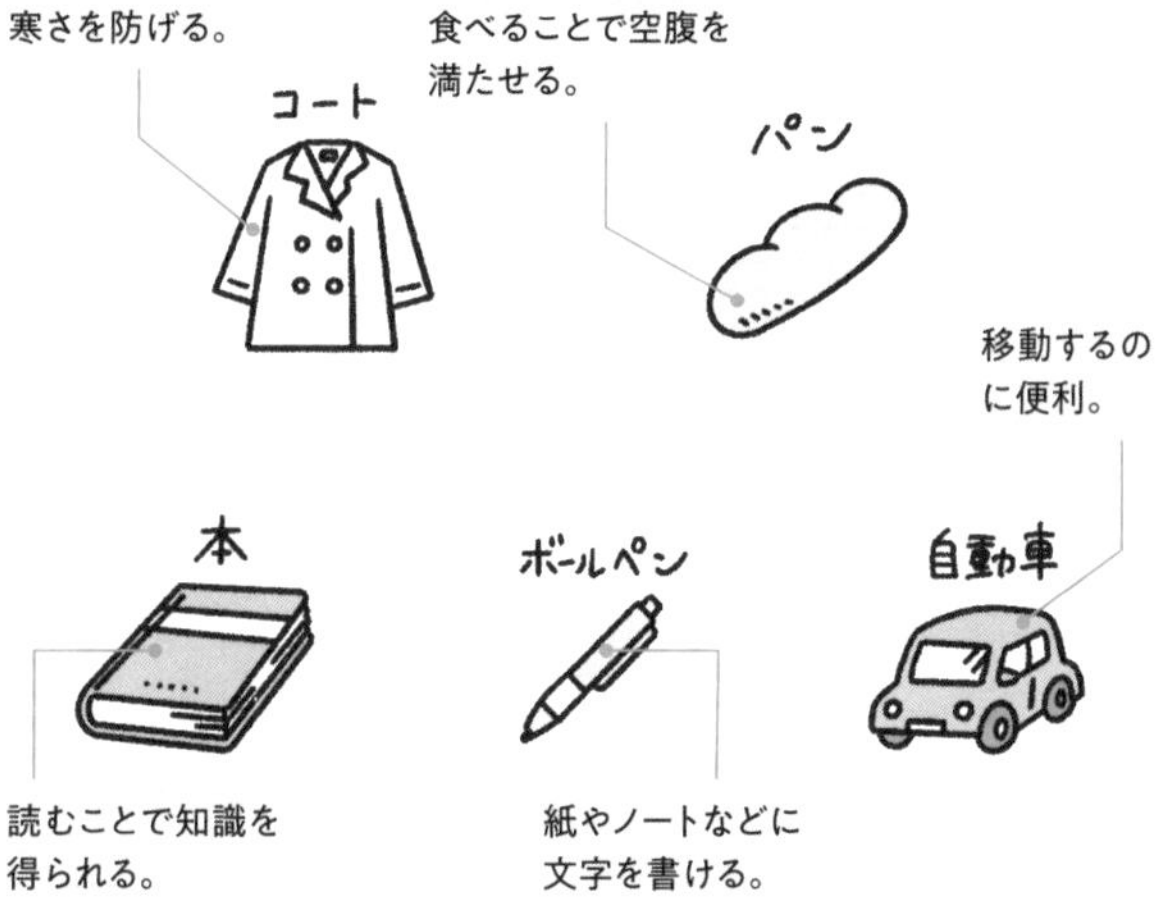
寒さを防げる。
コート
食べることで空腹を満たせる。
パン
移動するのに便利。
本
ボールペン
自動車
読むことで知識を得られる。
紙やノートなどに文字を書ける。

商品の持つ2つの性質
価値と使用価値

マルクスは商品には「**使用価値**」と「**価値**」という2つの側面があると言っています。

使用価値は文字通り、「使って、役に立つこと」です。例えば、衣服は寒さをしのぐのに役立ちますし、パンは空腹を満たすのに役立ちます。このように使用価値とは、それを使う（消費する）ことで欲望を満たす有用性のことを指します。一方、価値とは、ある商品が別の商品と交換可能であるときの交換基

POINT

価値は使用価値があることを前提にしている

■異なる商品どうしを交換する際の交換基準＝「価値」

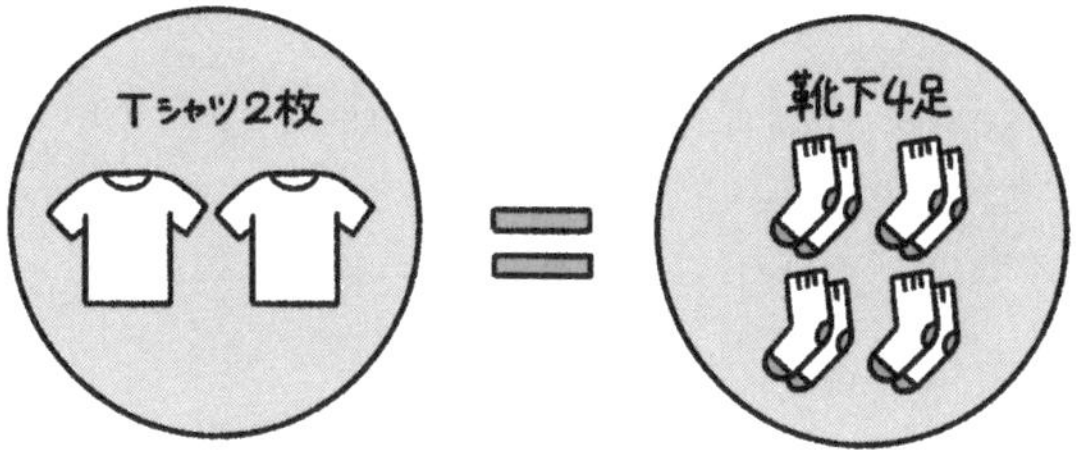

マルクスはTシャツと靴下がそれぞれの量を変えることでつながることを「量的比率によって表される」と述べた。

準をいいます。

価値は使用価値があるから生じる

例えばあなたが鉛筆を持っていて、消しゴムが欲しいとき、鉛筆と消しゴムを交換しなければなりませんが、そのとき相手があなたの鉛筆を欲しがっている（それが役に立つと思っている）必要があります。つまり、**ある商品とある商品が交換される（価値）には、使用価値があることを前提**にしているのです。

また、マルクスは「すべての商品は量的比率によって表される」と述べました。例えば、あなたが持っている鉛筆1本は消しゴム2個、あるいはTシャツ2枚は靴下4足と交換できる、といった具合にです。つまり、「A商品X量＝B商品Y量＝C商品Z量……」と、あらゆる商品がそれぞれの量を変えることで、イコールでつながることを示しているのです。

KEYWORD

使用価値……使う（消費する）ことで欲望を満たす商品の有用性。

価値……ある商品が別の商品と交換可能なときの交換基準。貨幣経済では価格として現れる。

資本論のキホン 4

商品の価値はどのようにして決まるのですか？

お答えしましょう！

商品の価値は、それを作るのに投下された労働量で決まります。

■ その商品を作るのにどれだけの労働が費やされたか

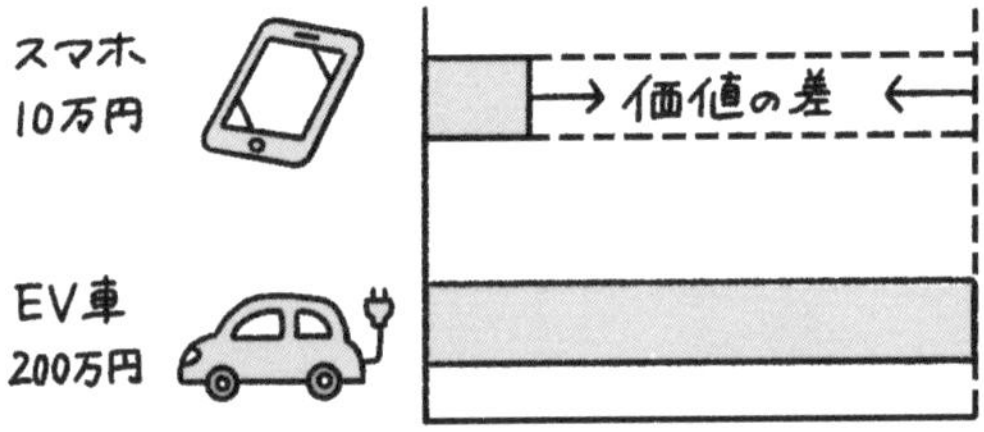

商品が完成するまでにかかった労働量
スマホ
10万円
価値の差
EV車
200万円

スマホよりもEV車の方により多くの労働がかけられているので、それが価値の差になって、価格に反映されます。

労働によって商品の価値は決まる

前項では商品同士が一定の比率により交換されることを述べました。では、どうして全く違う商品が交換できるのでしょうか？

それは、**商品の中にはその商品を作るときに費やされた労働が内在している**ためです。例えば、鉄鉱石ならば掘り出すときに人間の働き＝労働が必要とされますし、木材からテーブルを作るときにも労働力が使われます。また、鉛筆1本と消しゴム

POINT

マルクスは商品の価値をその中に内在している労働に求めた

■個々人の労働時間ではなく、社会全体の平均値を尺度にする

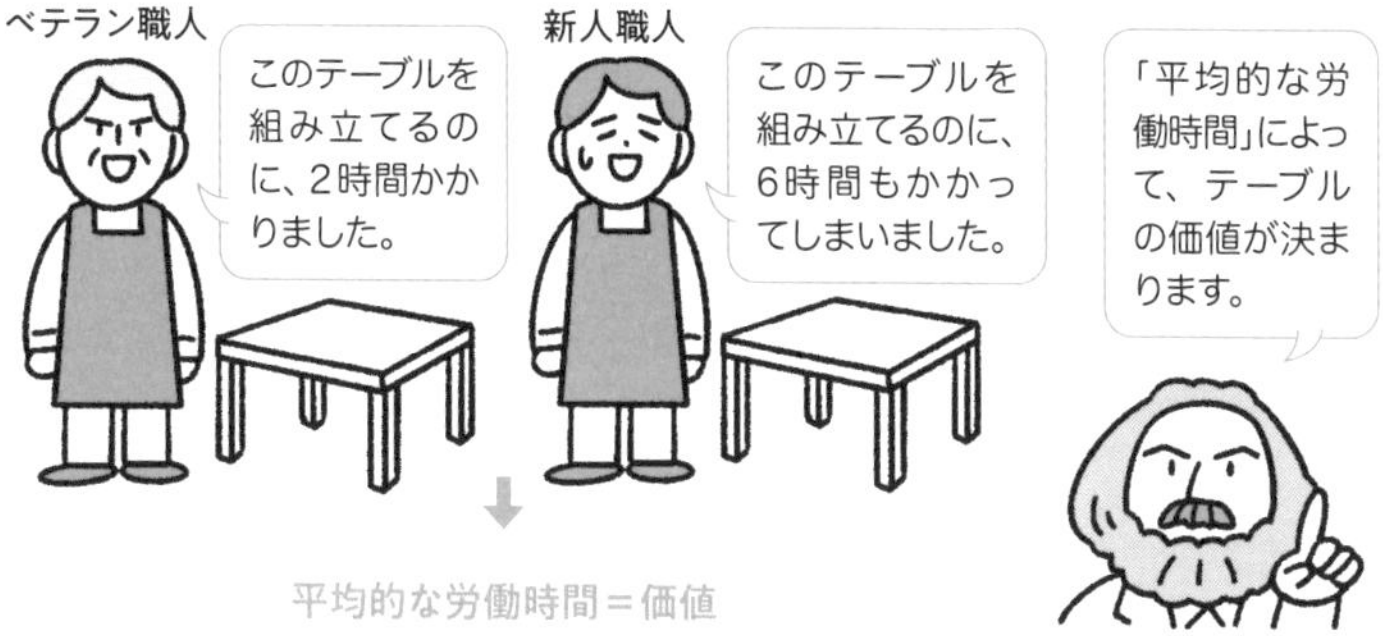
ベテラン職人
このテーブルを組み立てるのに、2時間かかりました。
新人職人
このテーブルを組み立てるのに、6時間もかかってしまいました。
「平均的な労働時間」によって、テーブルの価値が決まります。
平均的な労働時間＝価値

2個が交換可能なのは、鉛筆1本作るのにかかる労働が消しゴム1個作るのにかかる労働の2倍だからと考えたのです。

　つまり、マルクスはすべての商品がイコールで結ばれる理由を、そこに労働が内在しているからだと考えたのです。このように労働によって商品の価値が決まる説を「**労働価値説**」といいます。

社会全体の「平均的な労働時間」

　しかし、ここで1つの疑問が生じます。例えば、家具作りの場合、熟練の職人と、新人の場合、技能に大きな違いがあるので、同じテーブルを作るにしても熟練の職人よりも新人のほうがたくさん時間がかかります。すると、時間のかかる新人の作ったテーブルのほうが高価になってしまいます。

　そこで、この矛盾を解決するためにマルクスは、個々の労働時間ではなく、**社会全体の「平均的な労働時間」がその商品の価値を決める**と考えたのでした。

KEYWORD

労働価値説……商品の中に内在している労働によって商品の価値が決まるという考え。

資本論のキホン 5

使用価値と価値（価格）はどう違うのでしょうか？

POINT

商品の価値（価格）は商品同士の交換で結果的に生じる

使用価値と価値（価格）は違う

P20で商品には使用価値と価値の2つの側面があると述べました。しかし、厳密には使用価値があるからといってそれが商品であるとはいえません。

例えば、自分でDIYしてテーブルを木材から作ったとします。このテーブルに料理を載せて食事をしたり、本棚や花瓶を置いたりして、何かの役に立っているならば、テーブルには「使用価値」があるといえるでしょう。しかし、このように自分で作って自分で消費している限りではマルクスの言う商品とはいえません。

商品の価値は商品同士の交換で結果的に生じるから、商品は売れるために作らなければ商品ではない、とマルクスは考えたのです。つまり、先程のテーブルで言えば他の商品と交換されることで、初めて商品たり得るのです。

つまり、市場において他者に必要と思われることで、値段がついて売れた瞬間に商品になるのです。そして、このとき、商品につけられる価格として現れるものをマルクスは使用価値と区別して、特に「価値」と呼んでいます。

ただし、資本主義社会では使用価値を超えた価値（価格）で売れることがあります。例えば、自分で作って自分で使うテーブルには「物を置く」という「使用価値」しかありませんが、同じテーブルでもそれが高級家具店のショールームでオシャレに展示されていたら、使用価値を超えた価値（価格）で売られる可能性も出てきます。

お答えしましょう!

人間にとって、その商品の有用性が「使用価値」で、価格という形で現れるのが「価値」です。

■「使用価値」があるからといって商品であるとは限らない

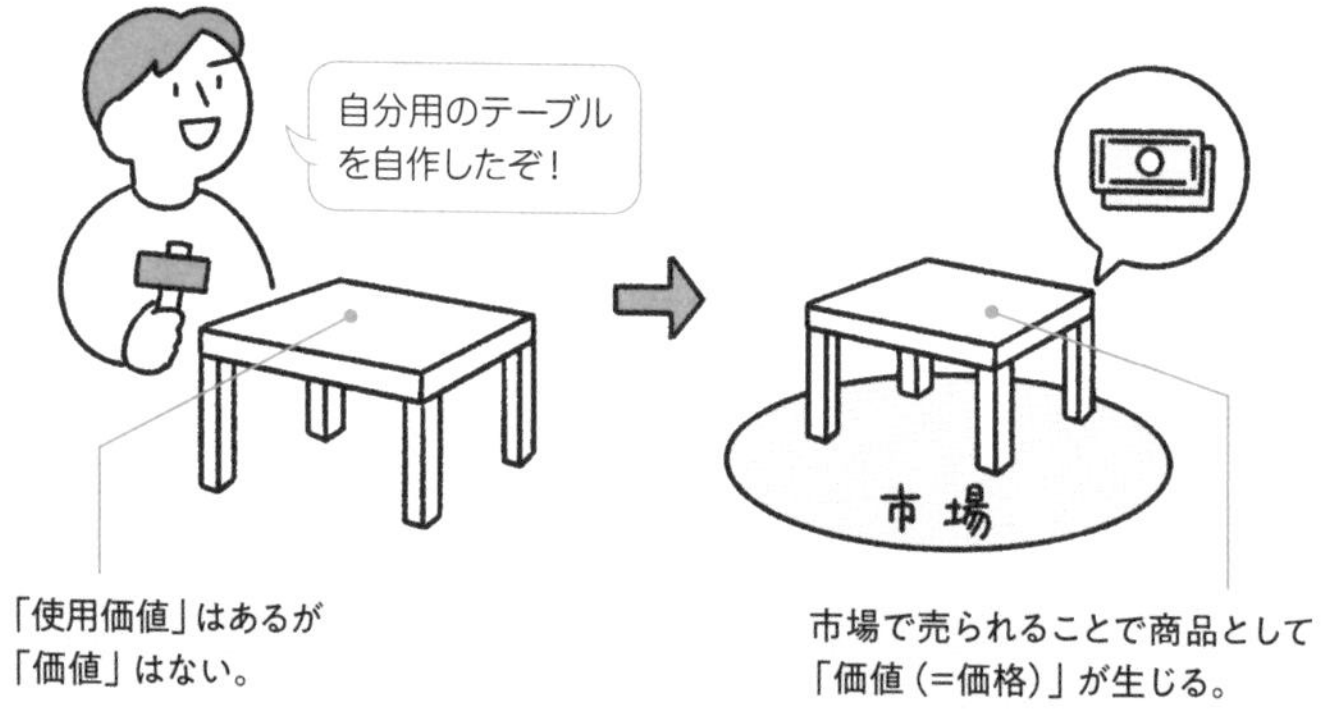
自分用のテーブルを自作したぞ!
市場
「使用価値」はあるが「価値」はない。
市場で売られることで商品として「価値(=価格)」が生じる。

■「使用価値」を超えた「価値(=価格)」で売られる例

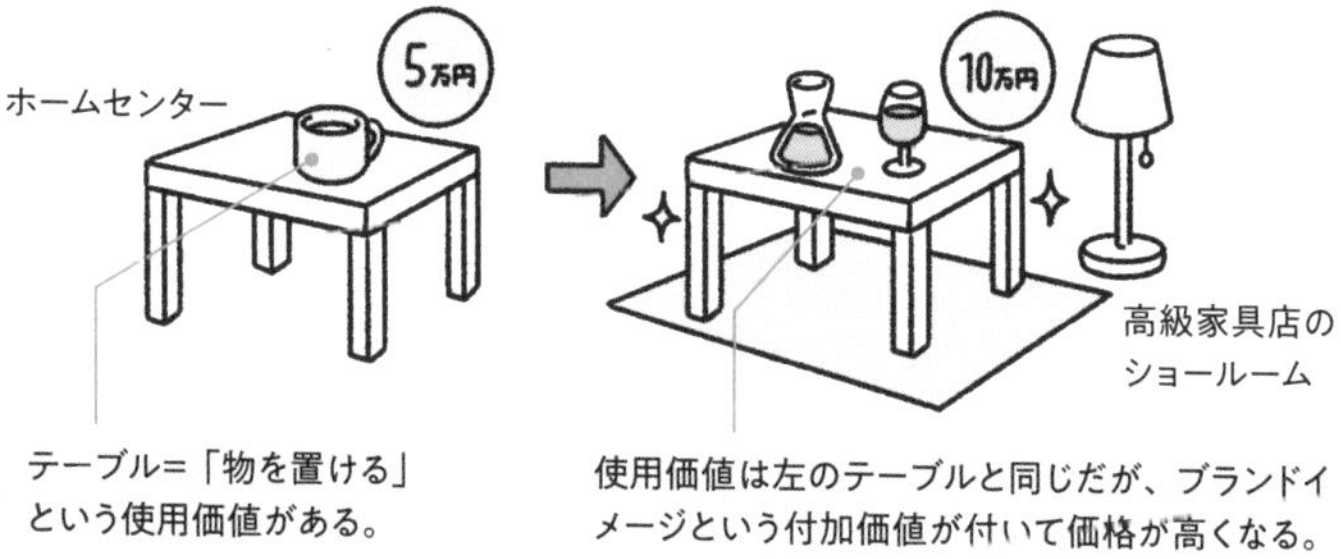
ホームセンター
5万円
10万円
高級家具店のショールーム
テーブル=「物を置ける」という使用価値がある。
使用価値は左のテーブルと同じだが、ブランドイメージという付加価値が付いて価格が高くなる。

KEYWORD

価格……商品が市場で売られることで付く、貨幣で表現される価値。

資本論のキホン
6

商品の価値に振り回され、支配されている状況とは？

POINT

物は商品になった途端に人間を支配するようになる

ないがしろにされる使用価値

資本主義においては、価格という形で現れる「価値」の側面ばかりが優先され、**肝心の使用価値はないがしろにされがち**です。極端な話、売れさえすればその商品が社会に対して必要とされなくても、資本家にとってはどうでもいいのです。

また、逆に社会的に必要とされていても売れないものは作りません。その典型的な例はアフリカなどの発展途上国で本当に必要な小麦などの食料が生産されず、輸出品として高く売れるコーヒーなどの商品作物が作られることです。

飢餓《きが》に苦しむ発展途上国で本当に必要なのは（「使用価値」が高いのは）食料となる小麦のはずですが、資本家にはそれはどうでもいいこと。人々がいくら飢えようが、とにかくより高い価格＝「価値」である商品作物を作って売るだけです。

また、2020年に始まったコロナ禍《か》の当初、マスクが品不足になり、ネットなどで高値で転売される騒動が起こりました。マスクの通常の価値を超えた価格で取引されたのです。その結果、薬局に行っても在庫切れでマスクが手に入らないという事態が生じました。

このように**商品の価値に私たちが振り回されている状況**を、マルクスは「**物象化**《ぶっしょうか》」と呼びました。本来、人のためにあるはずの物が、逆に人間を支配するようになるのです。人間の労働により作られた物が、商品として市場に流通するやいなや、人間の暮らしや行動に影響を与えるようになるのです。

お答えしましょう!

商品が人間の制御を超えて人間の暮らしや行動に影響を及ぼす現象を、マルクスは「物象化」と呼びました。

■ 商品の価値に振り回され、商品に支配される

KEYWORD

物象化……人と人との関係が物の関係となって現れること。

資本論のキホン

7

商品が商品であるための条件とは？

POINT

個人や同じ共同体内で自給自足されるものは使用価値があっても商品ではない

商品には社会的使用価値が必要

これまで見てきたように、商品は生産された物に価格が付いて、貨幣と交換される財や物を指します。ところが、自分にとっては有用であっても、他者にとっては価値のないものであれば、貨幣での交換は行われず商品と呼べません。例えば、自分の昔の写真は自分には価値がありますが、まったく知らない他者には1円の価値もありません（あなたが有名人なら別ですが）。

また、自給自足をしようと野菜を作れば、それは使用価値を作ったことにはなります。しかし余ったものを売ろうとしても市場へのルートがなく、しかもそれが他者にとって買うに値する質のものでなければ、これも商品とは言えません。ただし立派な野菜で、うまく市場に出され値段が付き、他者がお金を出して購入しようとした場合、それは商品になります。

こうした自分と異なる他者が認める商品の使用価値を「**社会的使用価値**」と言います。

また、マルクスは自らが所属する共同体と異なる共同体の人間が交換するものが商品であり、そこに社会的使用価値があるとしました。

村の中で自給自足しているような前近代的な共同体の中では富や労働の貸し借りは当たり前のように行われ、そこにおいては金銭のやり取りは基本的に発生しません。つまり、共同体の中では資本主義的な意味での商品は生まれないのです。**商品が商品であるためには、それが異なる共同体の間で取引される必要**があるのです。

お答えしましょう!

他者にとって使用価値があること、また共同体と別の共同体との間で取引されることが商品の条件です。

■ 商品は社会的使用価値を持つ必要がある

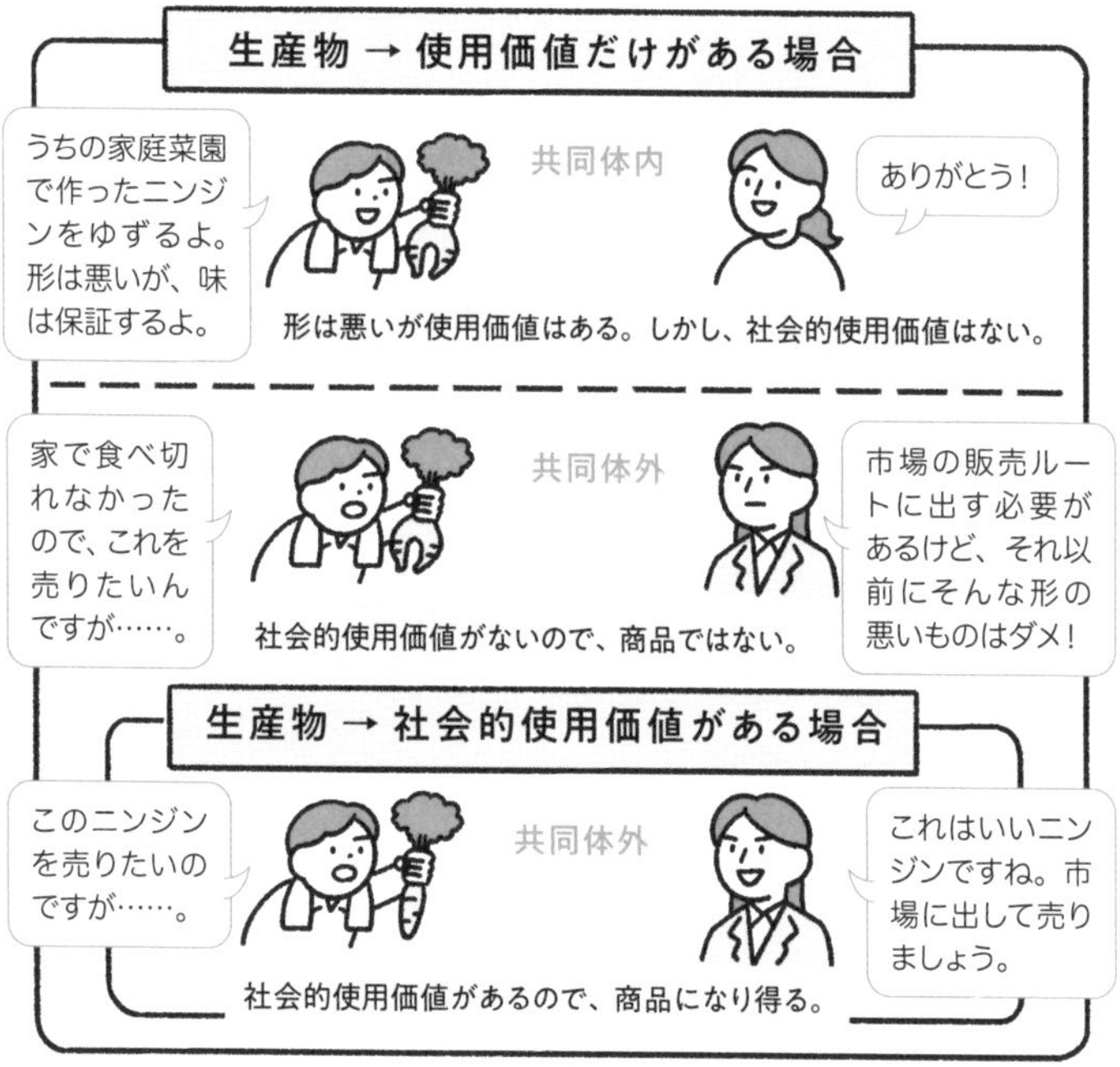
生産物 → 使用価値だけがある場合
うちの家庭菜園で作ったニンジンをゆずるよ。形は悪いが、味は保証するよ。
共同体内
ありがとう!
形は悪いが使用価値はある。しかし、社会的使用価値はない。
家で食べ切れなかったので、これを売りたいんですが……。
共同体外
市場の販売ルートに出す必要があるけど、それ以前にそんな形の悪いものはダメ!
社会的使用価値がないので、商品ではない。
生産物 → 社会的使用価値がある場合
このニンジンを売りたいのですが……。
共同体外
これはいいニンジンですね。市場に出して売りましょう。
社会的使用価値があるので、商品になり得る。

KEYWORD

社会的使用価値……生産物に対し、他者が商品として貨幣での交換を求める根拠。商品は他者のための社会的使用価値を持たなければならない。

資本主義における「労働者」の条件とは？

お答えしましょう！

自由に職業を選べることと、労働力以外に売るものを持っていないことです。

■ 労働者が持つ1つ目の自由

封建時代
移動・職業選択の自由がない。
オマエたち農民は一生オレの土地を耕していればいいんだ！
領主
農民
近　代
やった〜！　自由に職業が選べるぞ！
うちの工場で働かないか？
資本家
移動・職業選択の自由がある。
元農民（労働者）

労働者が持つ二重の「自由」

資本家が商品を生産するには労働力が必要となります。そして、その労働力を資本家に提供するのが労働者です。

マルクスは労働者について、「貨幣の資本への転嫁のために、かくて、貨幣所有者は、自由なる労働者を商品市場に見出さなければならぬ。二重の意味で自由である。すなわち、彼は自由な人格として、自分の労働力を商品として処置しうるということ、彼は他方において、売るべ

POINT
労働者は、二重の意味で自由（フリー）でなければならない

■ 労働者の持つ2つ目の自由

き他の商品をもっていないということ……」と述べています。

つまり、資本家が必要とする労働者は二重の意味で自由でなければならないとしたのです。

自由が生み出す不自由とは？

封建時代においては、一般民衆（主に農民）は領主の持ち物で自由に職業を選ぶことができませんでしたが、**近代に入って封建制度の鎖から解き放たれた労働者は個人の判断で労働力を売り、資本家と自由に雇用関係を結ぶことが可能**になりました。これが1つ目の自由です。

もう1つの自由とは、**労働力以外に売れるものを持っていない**ということを示しています（この場合の自由＝フリーは、シュガーフリー（砂糖を含まない）のフリーと同じく「〜がない」という意味）。

人間が自由に職業を選べると聞くと一見素晴らしく思えますが、実はこの自由意志こそが労働者を奴隷に落としめ、過労死の原因になるのです（P62参照）。

KEYWORD

二重の「自由」……自由に職業を選べることと、資本家や小商品生産者（職人）のように生産手段を持っていないこと。

資本論のキホン

9

「労働力」と「労働」の違いとは？

POINT

いったん「労働力」を資本家に売ったら「労働」の自由は奪われる

労働者と資本家の関係は平等ではない？

労働市場において、労働力が売買されるとき、労働者と資本家の関係は法的には平等です。例えば、就活生がどの会社を選ぶかはその人の自由意志です。そして、いざ就職が決まったら、労働者は労働力を提供し、資本家はその対価として賃金を支払います。

このように、資本主義社会の労働者は、奴隷と違って自分の労働力を自由に売ることができ、好きな仕事に就くことができます。しかし、自由でいられるのはそこまでです。一度労働力を売ってしまえば、あとは労働時間内に関しては、もう奴隷とあまり変わりません。それは、職場で「労働」を自由に行うことはできないからです。例えば、いくらあなたがリモートワークをしたくても会社が認めなければできません。

奴隷と違って、労働者と資本家の関係は労働契約を結ぶまでは基本的に自由かつ平等です。だから、好きな会社と契約を結ぶことができるわけですが、契約を結んだ瞬間から、労働者は資本家の指示・命令の下で働かなければなりません。どのように働くかを決めるのも、その労働が生み出す価値を手にするのも資本家です。**労働の現場には自由で平等な関係は存在しない**のです。

資本家は労働者から買った「労働力」という商品を実際に使って（つまり、労働者を実際に働かせて）、初めて「労働」が発生するのですが、そこにおいて**労働者は労働の裁量権を資本家に最初から奪われている**のです。

お答えしましょう!

労働者は労働市場で「労働力」を自由に提供できますが、職場での働き方(=「労働」)に自由はありません。

■ 自由でいられるのは入社するまで

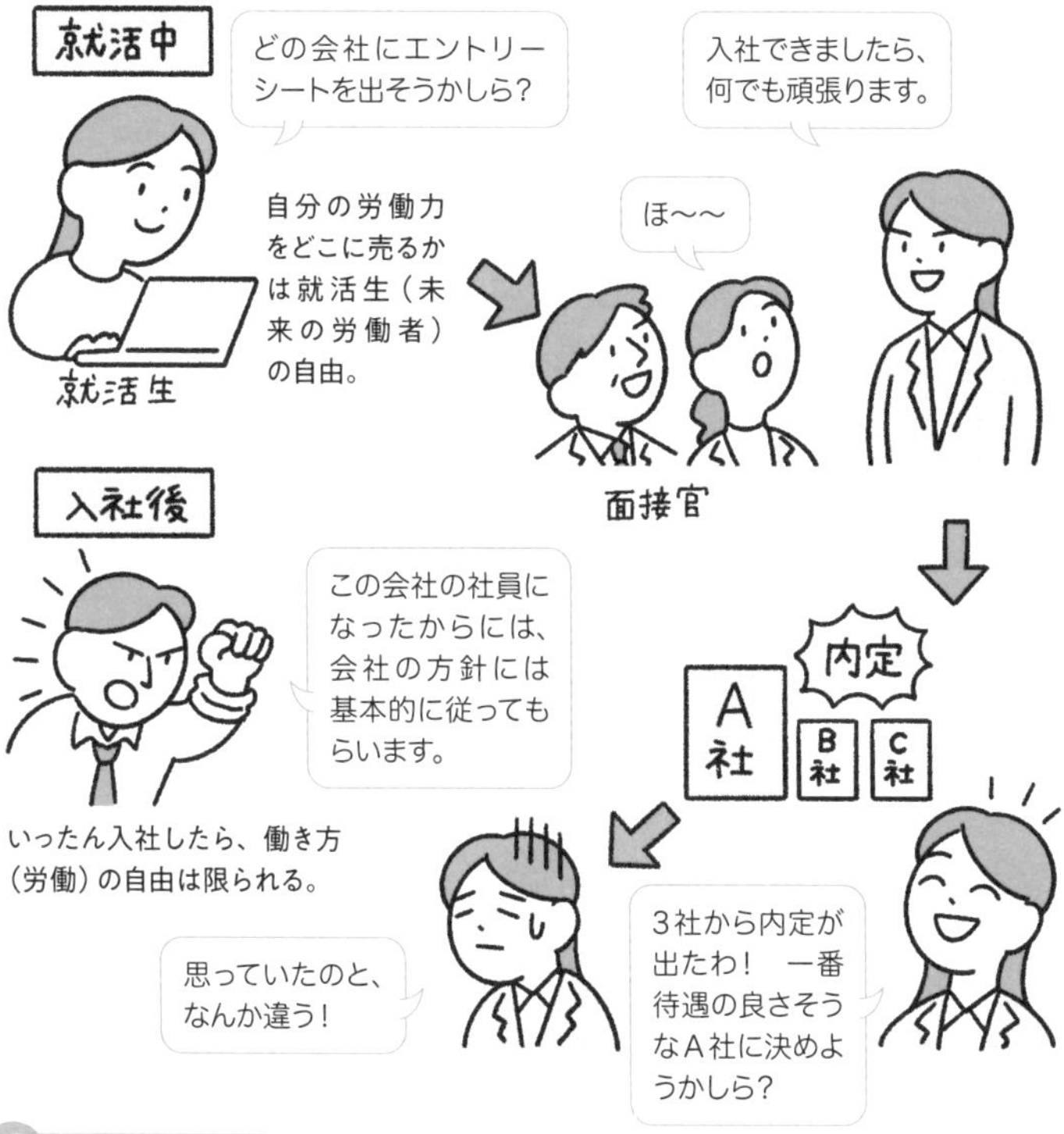

就活中
どの会社にエントリーシートを出そうかしら?
就活生
自分の労働力をどこに売るかは就活生(未来の労働者)の自由。
入社できましたら、何でも頑張ります。
ほ〜〜
面接官
内定
A社
B社
C社
3社から内定が出たわ! 一番待遇の良さそうなA社に決めようかしら?
入社後
この会社の社員になったからには、会社の方針には基本的に従ってもらいます。
いったん入社したら、働き方(労働)の自由は限られる。
思っていたのと、なんか違う!

KEYWORD

労働……主に収入を得るために、体や知能を働かせること。経済学では特に人間が自然に働きかけて、生活手段や商品などを作り出す活動のことを指す。

資本論のキホン

10

どうして食品偽装などの企業不祥事が起こるのでしょうか？

赤の他人の使用価値は資本家には関係ない

P20で触れたように、マルクスは商品について、「価値」と「使用価値」に分けて論じています。

価値とは、例えば今読んでいるこの本なら1400円以上の価格が付き、昼ご飯に食べた牛丼なら400円の価格が付きますが、その価格によって表現されるものです。

一方で使用価値は、本なら読むことで知識を得る、牛丼なら食べることでお腹を満たすといった、われわれの欲望を満たすことができる商品の効用になります。

マルクスは言います。「商品はまず第一に外的対象である。すなわち、その属性によって人間の何らかの種類の欲望を充足させる1つの物である」。

ここで言う「外的対象」とは使用価値のことです。つまり、マルクスは使用価値に重きを置いたのです。ところが、この考え方は消費者側からの考え方であり、誤りであるという意見がマルクス研究者の宇野弘蔵《こうぞう》や彼の研究を継いだ宇野派から出ています。

宇野は、**資本家にとって重要なのは、その商品の使用価値よりも売って利益になる価値だけ**としたのです。ただし、こういう姿勢でいると、企業不祥事を誘発します。

例えば、かつてある大手食品メーカーで起きた食品偽装問題。そこにおいては、資本家にとって使用価値は所詮他人事で、消費者の食の安全性は二の次、という企業側の本音が透けて見えてきます。

POINT

資本家は使用価値より価値を優先する

お答えしましょう!

使用価値は他人事であり、消費者に届く商品の安全性は大して意味がないと考える資本家もいるためです。

■ 資本家は儲かればそれでいい?

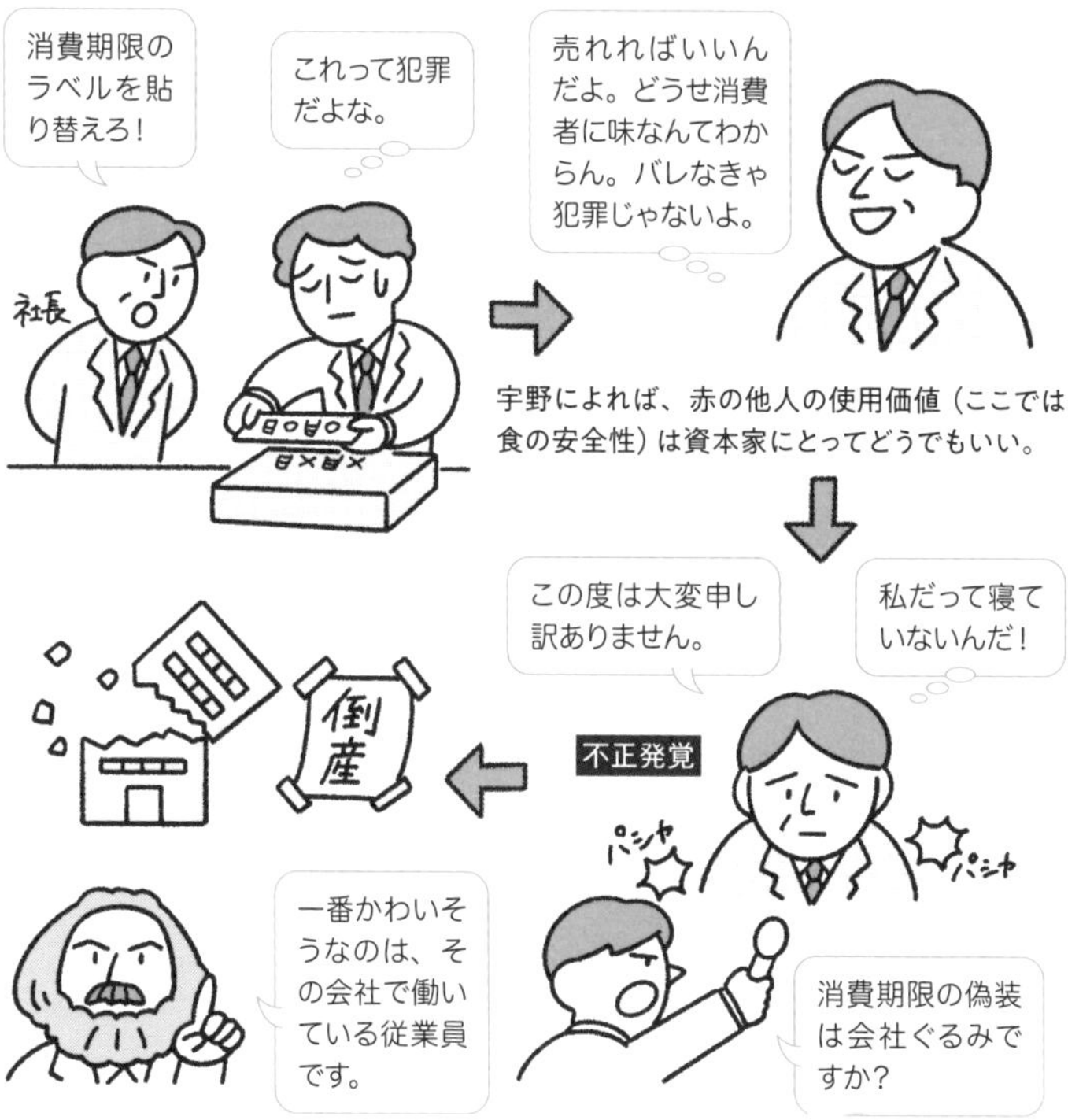

消費期限のラベルを貼り替えろ!
社長
これって犯罪だよな。
売れればいいいんだよ。どうせ消費者に味なんてわからん。バレなきゃ犯罪じゃないよ。
宇野によれば、赤の他人の使用価値(ここでは食の安全性)は資本家にとってどうでもいい。
この度は大変申し訳ありません。
私だって寝ていないんだ!
パシャ
パシャ
消費期限の偽装は会社ぐるみですか?
不正発覚
倒産
一番かわいそうなのは、その会社で働いている従業員です。

KEYWORD

企業不祥事……主に企業の役職員による、法令に違反するような不正行為。リコール隠しや、個人情報流出、労働者の過労死、食品偽装など多種多様。

資本論のキホン

11

労働者の給与はどうやって決まるのでしょうか？

POINT

不況になると労働者に支払われる再生産費は削られることになる

労働者に支払われる賃金の3つの要素

労働者は自分の労働力を資本家に売った対価として賃金＝**労働力の再生産費**※をもらうわけですが、ではその賃金の金額はどうやって決まるのでしょうか。**労働力という商品の価値＝賃金には3つの要素がある**とマルクスは述べています。

1番目は衣食住と娯楽のための費用です。労働者が1日働くとクタクタにくたびれてしまいます。つまり、労働力を消費し切った状態です。しかし、資本家としては、翌日も工場などの職場に元気に出てもらって存分に働いて欲しい。つまり、労働力を再生してもらわないと困るわけです。そのために必要なのが、食事であり、睡眠をとってゆっくり体を休めるための家であり、翌日職場に着ていくための服であり、仕事で疲れた心身をリフレッシュするための娯楽なのです。

2番目は次世代の労働者の再生産をする費用です。要は、結婚して、子どもを持って育てていくことです。これは労働者階級を再生産するために重要なことです。

3番目の要素は、資本主義はイノベーション（技術革新）が起きるから、それに対応して自己教育をする費用です。新しい機械に関する知識や、資格取得のための勉強などがそうです。

労働者に支払われる賃金の要素は以上の3つから成り立っていますが、注意してほしいのは、その**賃金はあくまでも労働者が翌日も元気に働くのに必要なための最低限の金額**だということです。つまり、会社の利益

※マルクスは賃金を「労働力の再生産費」であるとしました。

お答えしましょう！

労働者に労働力を再生してもらうのに必要とされる、衣食住などにかかる最低限の金額で決まります。

■ 賃金（労働力の再生産費）の3つの要素

仕事帰りの生ビールは最高だ！
1 衣食住＋娯楽
2 結婚＆子育て
3 自己教育

この3つを行うための最低限の費用が賃金として支払われる。

から導き出されたものではありません。会社がいくら儲かっていても、それが労働者にほとんど還元されないのはそうした理由によるのです。

また、不況で経済が回らなくなると、資本家はできるだけ賃金を削ろうとするので、労働力の再生は十分にできなくなり、その結果、労働者は心身ともに擦り切れることになります。

KEYWORD

労働力の再生産費……労働者が生きていくのに必要な最低限の費用。3つの要素からなる。

資本論のキホン
12

労働者が生産した物は誰のものでしょうか？

お答えしましょう！

労働力を買い、それを管理している資本家のものです。労働者の生産物はすべて資本家の所有物です。

■ 労働（就業）時間内は資本家の命令・指示に従わなければならない

就業時間内は会社のルールに従いなさい。決められた休憩時間以外に席を離れてタバコを吸ってはダメ！
社長
社員

資本家は労働者から労働力という商品を買います。したがって、労働時間内は労働者は労働力の購入者である資本家の管理下にあります。

POINT
労働者は常に資本家に管理され、生産物も資本家のものになる

労働力もりっぱな「商品」である

資本家は労働者から労働力を買います。すると、労働時間内（定められた休憩時間は除く）は労働者も労働力も、資本家の管理下に置かれます。

これは労働力が商品と同じであることを示しています。商品が購入した者にその使用権があるように、労働力も資本家に使用権が帰属するのです。マルクスは言います。「労働者は、彼の労働を所有する資本家の管理の下に労働する」「第二には、

■ 労働による生産物は資本家のもの

自分で作った車だから、
オレのものだよね。
自動車、
1台完成♪
そんなわけ
あるか！
労働者
社長

資本家は労働者から労働力を買います。そして、その労働力を使って生み出された生産物は、当然資本家のものになります。

生産物は資本家の所有物であって、直接生産者の、労働者の、所有物ではない」。

労働による生産物は資本家に帰属する

労働力だけでなく、**労働の結果生み出される生産物も資本家のもの**となります。例えば、自動車メーカーの労働者は、自分が作った車だからといって持ち帰ることはできません。

だとすると、労働者も資本家のものなのでしょうか。さすがにそこまでは言えません。労働者は自由な個人です。ただ、出勤日の出勤時間から退勤時間までの労働力の使用権は、資本家のものとなるのです。つまり、労働者と資本家は、商品交換の法則どおり、労働力とお金を等価交換したことになります。

したがって、資本家にとって、労働時間内は効率よく働かせなければ損になります。よって**生産性の向上は、労働者のためではなく資本家のために行われている**のです。

KEYWORD
労働力…… 生産物を作るために費やされる、精神的・肉体的な能力。労働力は資本家に買われ、その労働は資本家に帰属する。

そもそも、貨幣って何ですか？

お答えしましょう！

どんな商品とも交換可能なもので、マルクスはこの原型を「一般的等価物」と呼びました。

■ 昔は稲や布などがお金の代わりを担っていた

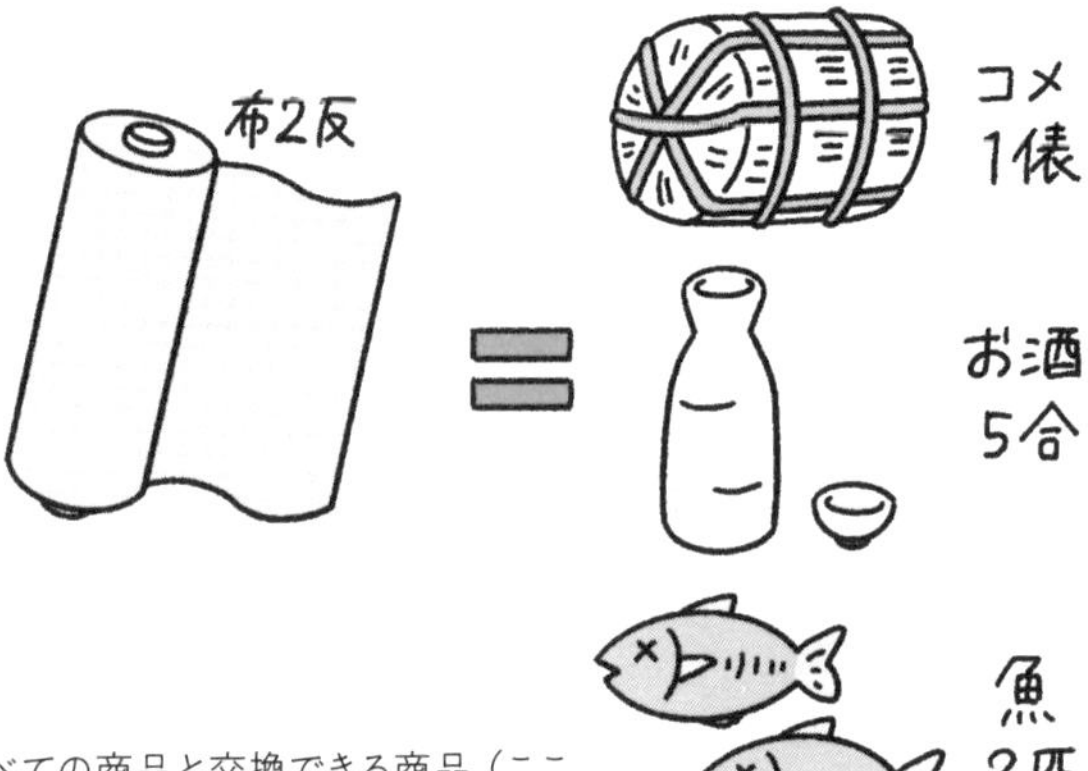

すべての商品と交換できる商品（ここでは布）は、一般的等価物（貨幣の原型）の役割を果たしていました。

POINT

古代においては、一般的等価物の役割は米や布、貝などが担っていた

物々交換には限界がある

例えば、アメを山ほど持っている人が、アイスが欲しいとします。そこで、アイスを持っている人に「アメ15個とアイス1個を交換して欲しい」と言います。

しかし、アイスを持っている人はすでにアメを持っていて、これ以上アメは必要としていませんので、交換を断ります。そこで、アメをいったん貨幣に変えて、その貨幣でアイスを買う必要が生じます。**物々交換には**

■ 金や銀が貨幣に選ばれた理由

1
質が同一かつ不変
金
2
分割・合体が容易
3
量が明確に示せる

限界があるのです。

どんな商品とも交換可能な「一般的等価物」

その点、**貨幣はどんな商品とも交換可能な便利なもの**です。マルクスは、その機能に注目して「**一般的等価物**」と呼びました。

古代においては、一般的等価物の役割は、羊や米、布や貝などが担っていました。例えば、紙幣の「幣」は布という字から来ているといわれています。ここから布がお金の代わり、すなわち一般的等価物であったことがうかがえます。

その後、最終的に金や銀などが貨幣になり、やがて紙幣が登場したというのが『資本論』の考えです。金や銀が貨幣として優位な立場を確立したのは、質が同一であり、分割や合体が簡単で、量を表しやすかったからです。

ただし、これは歴史的に金、銀が貨幣になったに過ぎず、論理的必然性はありません。

KEYWORD

一般的等価物……すべての商品と交換できる商品のこと。質が同一であり、量を表しやすいものが選ばれる。

「W（商品）－G（貨幣）－W（商品）」って何ですか？

POINT
Wは商品を指すドイツ語の頭文字で、Gはお金を指すドイツ語の頭文字

お答えしましょう！

商品を作って売り、貨幣を手に入れ、その貨幣で別の商品を買う一連の流れのことです。

■ W-G-Wの流れ

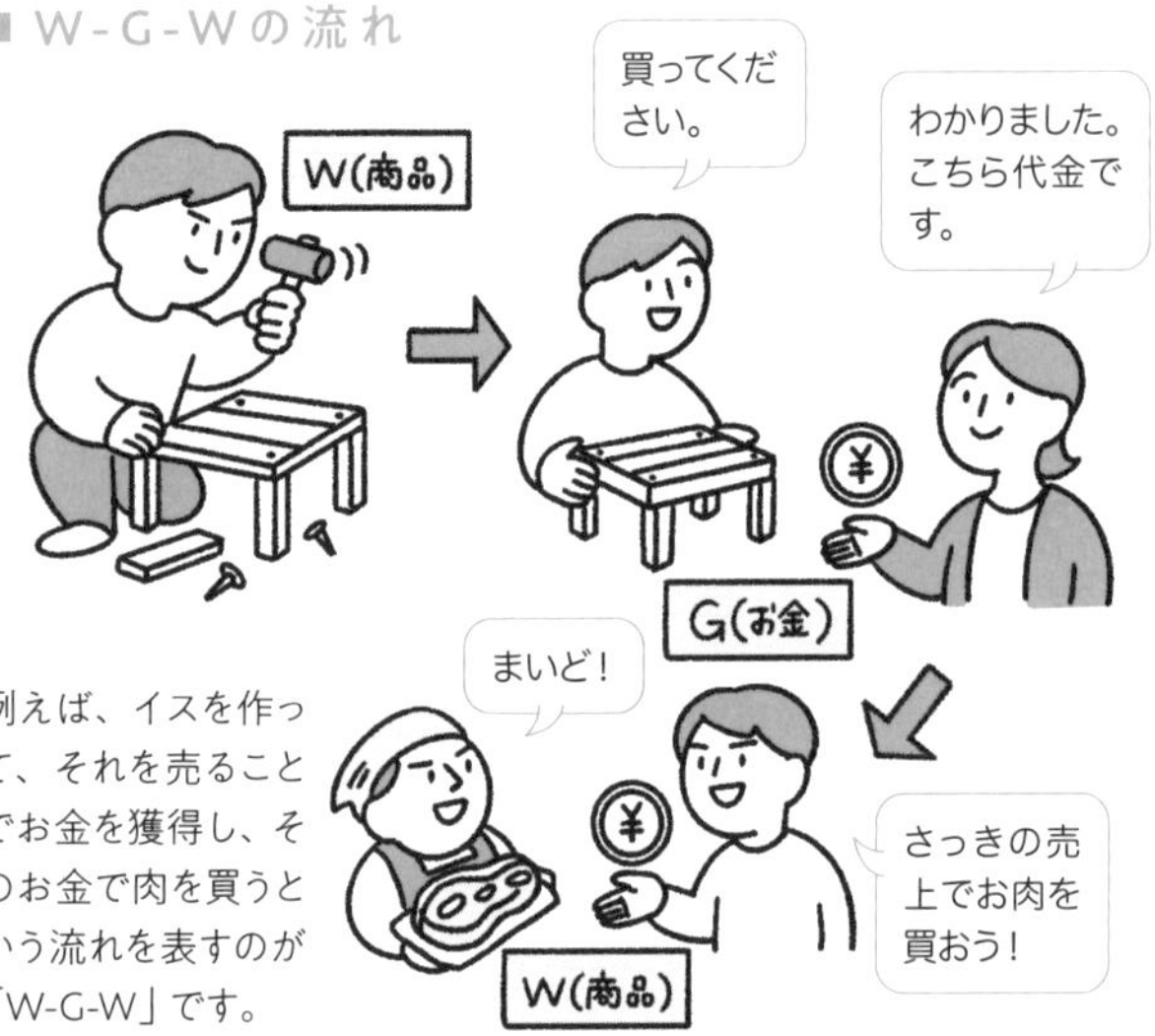
W(商品)
買ってください。
わかりました。こちら代金です。
G(お金)
まいど！
さっきの売上でお肉を買おう！
W(商品)

例えば、イスを作って、それを売ることでお金を獲得し、そのお金で肉を買うという流れを表すのが「W-G-W」です。

貨幣を求めて商品を作るようになる

前項では貨幣の始まりに関して説明しました。貨幣はどんな商品とも交換可能な便利なものでした。だから、みんな欲しがります。そうすると、どんなことが起こるかというと、貨幣を求めて人々は商品を作ります。商品は、他人にとって使用価値があるから商品たり得ることはP28で説明しました。

人々は使用価値のある商品を作り、それを売ってお金にすることで自分の必要なものを買う

■商品が売れるために必要なことは？

こんどの作品は自信作だ！
どうぞ買ってください。
ドーン！
ひどい出来……。
いや〜、使い道がないというか……。

他者にとって使用価値がないと商品は売れない。

ことを繰り返している、とマルクスは分析しました。これは「W（商品）－G（貨幣）－W（商品）」という定式で表されます。

例えば、ボールペンを作ってそれを売ることで貨幣を得る。そして、その貨幣で本を買う、といった具合です。

貨幣を手に入れるために売れる商品を作る

こうして、商品を作って売り、貨幣を手に入れてまた別の商品を買うという流れが次々と行われるようになります。

繰り返しになりますが、商品が売れるためには、その商品に使用価値がなければなりません。要するに、他人にとって有用でみんなが欲しがるものでなければ商品として売れず、貨幣も手にできません。

貨幣を手に入れられなければ、自分の欲しい物が手に入りませんから、多くの人が売れる商品を作るようになりました。しかし、「商品→貨幣」という流れはそう単純ではありません（次項参照）。

KEYWORD

W（商品）－G（貨幣）－W（商品）……貨幣を媒介にすることで、ある商品で別の商品を手に入れること。

資本論のキホン 15

商品の「命がけの飛躍」とは？

POINT
貨幣はどんな商品にもなれるが、その逆は難しい

商品を貨幣にするには「命がけの飛躍」が必要

「貨幣（お金）＝一般的等価物」があればどんな商品とも交換できます。お金は、ダイヤモンドにも高級車にもなります。

かつて、世間を騒がせた某IT企業の創業者は証券取引法違反などで逮捕される前に「お金で買えないものはない」と豪語しましたが、あれは実は『資本論』にある資本の論理が彼に真実を言わせているに過ぎません。

このように、我々は貨幣があれば簡単に商品を手にすることができます。しかし、商品を貨幣にすることは簡単ではありません。例えば、お金を持っていれば簡単にボールペンを買うことができます。しかし、ボールペンを他人に売るとなると、俄然ハードルが高くなります。

ボールペンはありふれた商品ですから、「携帯できてノートなどに文字を書ける」という使用価値以外に、デザインがいい、手触りがいいなど優位性がないと同業者に出し抜かれて市場から駆逐されてしまいます。

お金があればいつでも商品が買えるけれど、商品があっても必ずしもそれがお金になるとは限らないのです。

これをマルクスは「商品は貨幣を愛する。が、『誠の恋が平《たいら》かに進んだ例《ためし》がない※』ことを、われわれは知っている」と表現しています。つまり、商品がいくら貨幣に熱を上げても、しばしば商品の片思いに終わるものだというわけです。

商品が貨幣に変わることは、いつだって「命がけの飛躍」みたいなものだとマルクスは指摘しています。

※シェイクスピア『夏の夜の夢』（土居光知訳、岩波文庫版）。

お答えしましょう!

貨幣を商品に変えるのは簡単だが、商品を貨幣に変えるには困難が伴うことを表した比喩です。

■商品を貨幣に変えるのは楽ではない!

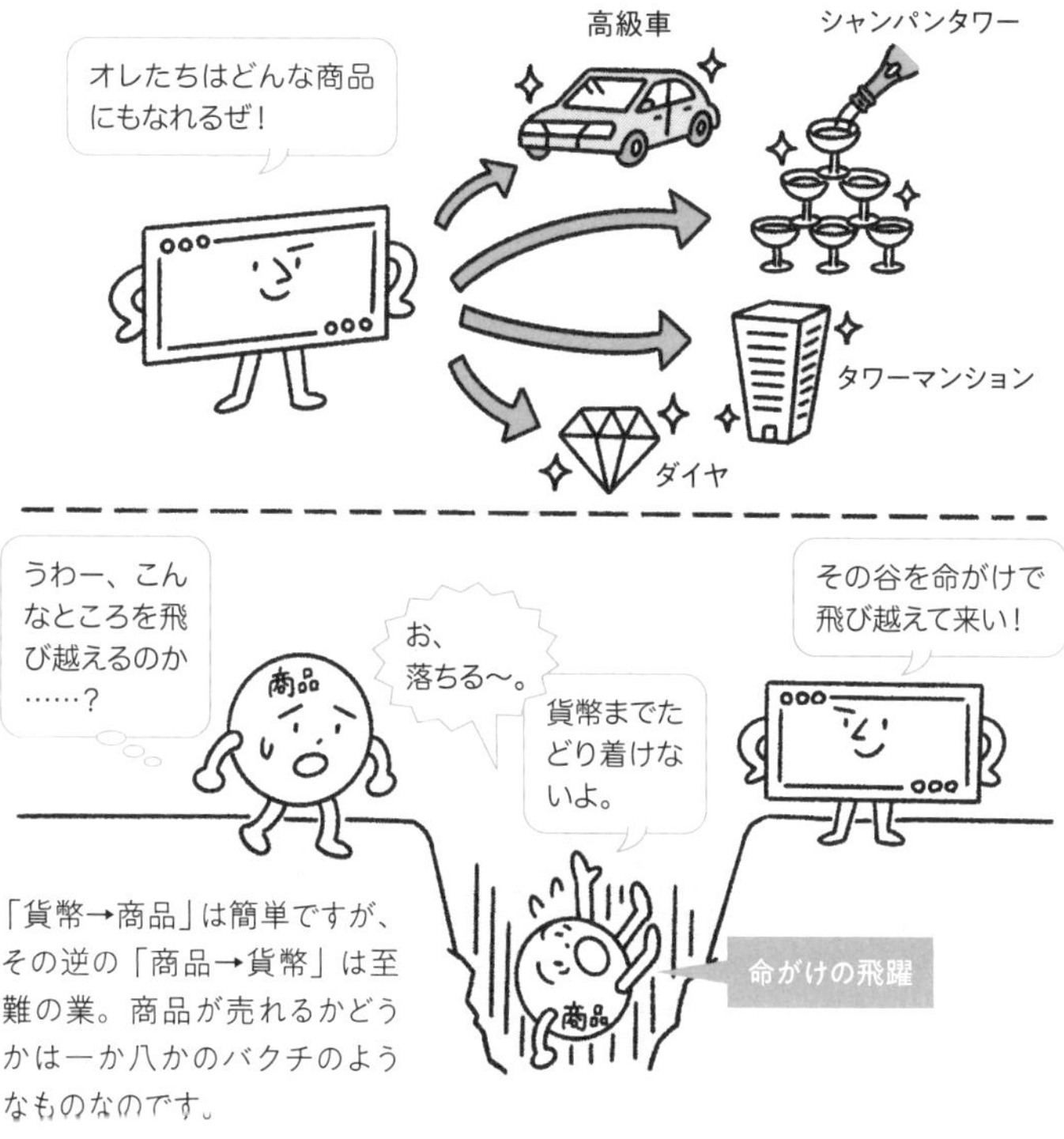

高級車
シャンパンタワー
オレたちはどんな商品にもなれるぜ!
タワーマンション
ダイヤ
うわー、こんなところを飛び越えるのか……?
お、落ちる〜。
貨幣までたどり着けないよ。
その谷を命がけで飛び越えて来い!
商品
商品
命がけの飛躍
「貨幣→商品」は簡単ですが、その逆の「商品→貨幣」は至難の業。商品が売れるかどうかは一か八かのバクチのようなものなのです。

KEYWORD

命がけの飛躍……商品が貨幣に変わることの難しさをマルクスが表現した言葉。

貨幣のフェチシズムについて教えてください！

お答えしましょう！

「お金があれば何でもできる」という考えから、貨幣を神のように崇拝することです。

■ 貨幣を神のようにあがめる物神崇拝

お金＝神！
「お金は持てば持つほどいい」という幻想や執着が、貨幣を神のように崇拝する人たちを生んだのです。

POINT

「フェチシズム」はある種の物を神のように崇めること

貨幣への信仰はなぜ生まれる？

前項で、商品が貨幣に変わるのは、「命がけの飛躍」を伴うと述べました。しかし、その一方で、貨幣は簡単にどんな商品にも変えられます。ここから、貨幣はそもそも物に過ぎないのに、やがて「**お金があれば何でもできる**」という万能感をまとい始めます。

しかも、肉や野菜などは腐るから必要以上に持とうと思う人はいませんが、金や銀、あるいは紙幣の貨幣はいくら持ってい

■アベノミクスは「貨幣のフェチシズム」を軽視していた？

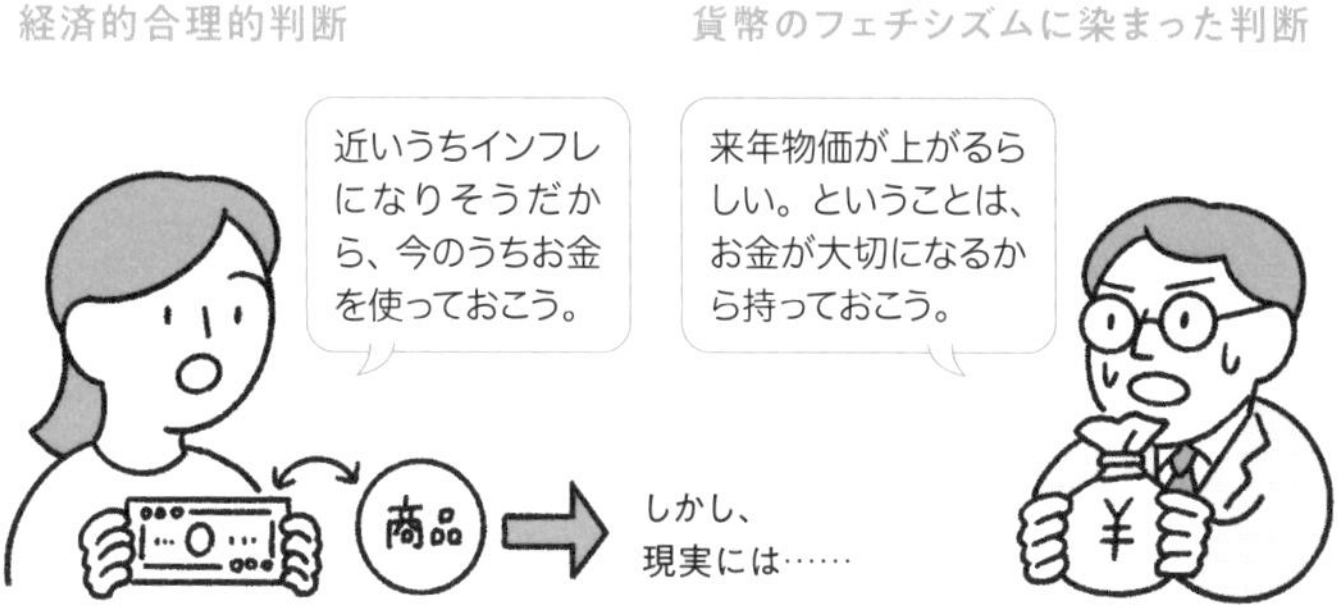
経済的合理的判断
貨幣のフェチシズムに染まった判断
近いうちインフレになりそうだから、今のうちお金を使っておこう。
来年物価が上がるらしい。ということは、お金が大切になるから持っておこう。
商品
しかし、現実には……

ても腐らないし、たくさん持つことでどんな商品にも姿を変えられます。

だから、「お金は持てば持つほどいい」という幻想や執着が生まれます。つまり、単なる物に過ぎなかった貨幣への信仰のようなものが生まれるのです。これをマルクスは「**フェチシズム**（**ある種の物を神のように崇めること**）」と呼びました。

アベノミクスがうまくいかなかった理由

アベノミクスにおいて「インフレターゲット政策※」がとられましたが、景気は思ったほど良くなりませんでした。

合理的に考えれば、これからインフレになるのならば、貨幣価値が下がるので今のうちに手持ちのお金を使うはずですが、多くの人たちは「来年物価が上がるらしい→では、お金が大切になるから持っておこう」という思考に陥り、お金を消費に回さず、景気浮上にインフレターゲットは役に立ちませんでした。アベノミクスがうまく機能しなかった裏側には「貨幣のフェチシズム」があったといえるでしょう。

※インフレ率の目標値を数値として掲げる、金融政策の手法。物価安定のもとでの持続的な経済成長の実現を目的とする。

資本論のキホン 17

本当は紙なのに なぜ紙幣に価値が生じるの？

POINT
マルクスは紙幣を金という貨幣を表す「記号」だと述べている

共同幻想が 紙幣に価値を与える

マルクスは、金や銀などの貨幣は使っているうちに（流通過程で）摩耗し、名目上の量ではなくなる、と述べています。

そこで、登場するのが紙幣です。マルクスはこの紙幣を金《きん》という貨幣を表す「記号」だと述べています。紙幣自体には実質の価値はありませんが、それが金という貨幣を表しているので「記号」であるというのです。

マルクスの生きた時代、紙幣は金と交換可能な通貨（兌換《だかん》紙幣）でした。例えば100ポンドは、昔は金100ポンドといつでも交換可能だったのです（それはポンドがそもそも重さの単位であることからもわかります）。これを金本位制《きんほんいせい》といいます。

金本位制は第二次世界大戦以降も、ドルを国際通貨として維持されてきましたが、1971年にアメリカのニクソン大統領が金本位制をやめることを宣言し、固定相場制も変動相場制に変わりました。

このとき、ドルなどの紙幣は金という実体を表象しない文字通りの純粋な記号になりました。

では、なぜ人はただの紙切れに価値があると思うのでしょうか。例えば、今ここに1万円札があるとします。1万円札自体は原価約17円の紙切れに過ぎません。しかし、多くの人が1万円札に1万円分の価値があると認めれば、1万円の商品と交換可能になるのです。

要するに、**人々の「共同主観性」もしくは「共同幻想」が、紙幣という記号を貨幣たらしめている**のです。

お答えしましょう！

多くの人がそこに価値があると信じているからです。本当は実体を持たない記号に過ぎません。

■1万円札が1万円の価値を持つ理由

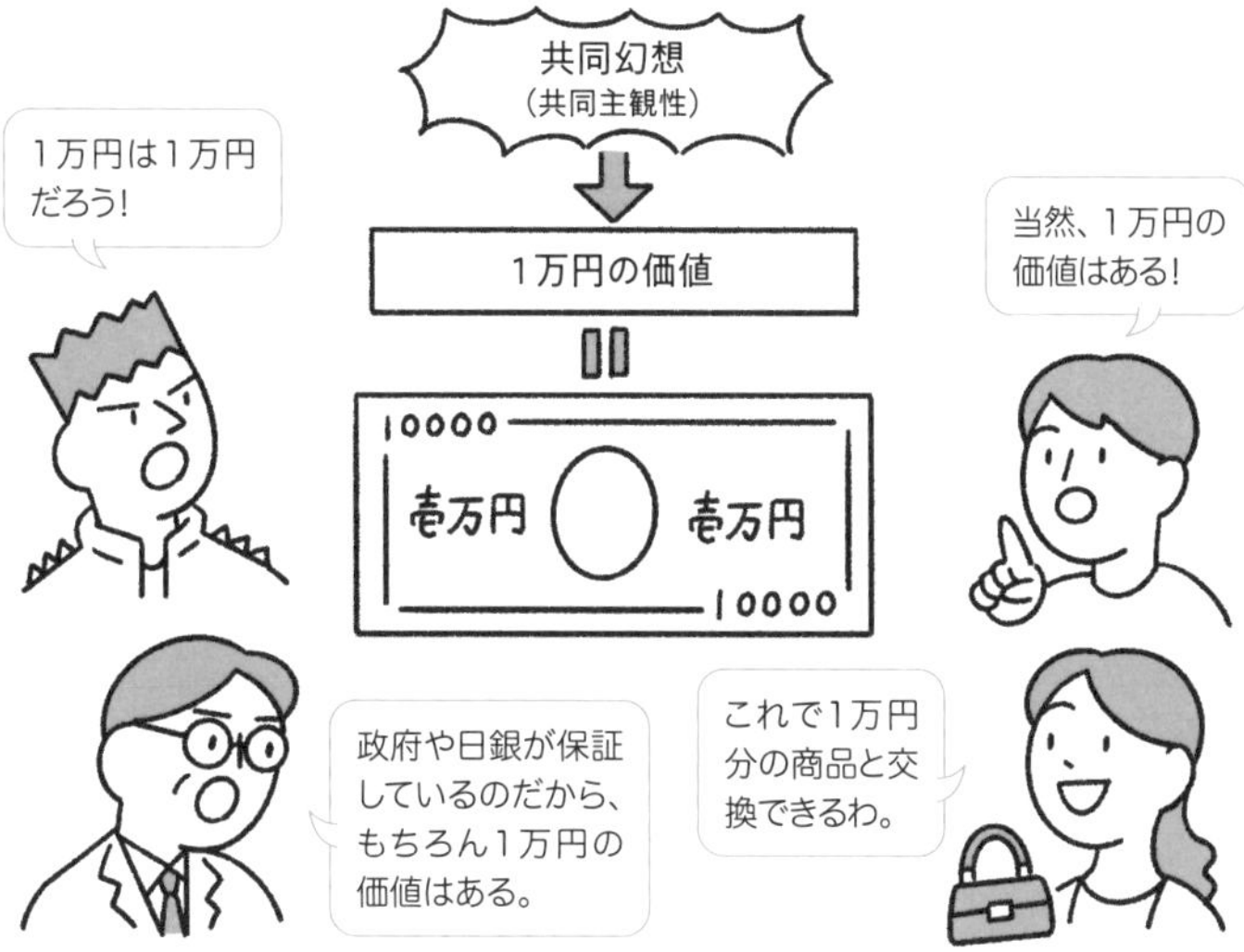

共同幻想
（共同主観性）
1万円の価値
10000
壱万円
壱万円
10000
1万円は1万円だろう！
当然、1万円の価値はある！
政府や日銀が保証しているのだから、もちろん1万円の価値はある。
これで1万円分の商品と交換できるわ。

この1万円札は原価20円もしない、ただの紙切れ。だけど、多くの人がそれに1万円の価値があると認めれば、そこに1万円の価値が生まれます。すなわち、貨幣は家族・社会・国家・民族と同じように共同幻想の産物に過ぎないのです。

KEYWORD

共同幻想 …… 複数の人間の中で共有される幻想。貨幣の他に、国家や民族なども共同幻想の産物と言われる場合がある。

貨幣にある3つの機能とは？

お答えしましょう！

貨幣には、価値尺度、価値保存、支払い手段という3つの機能があります。

■ 貨幣の持つ3つの役割

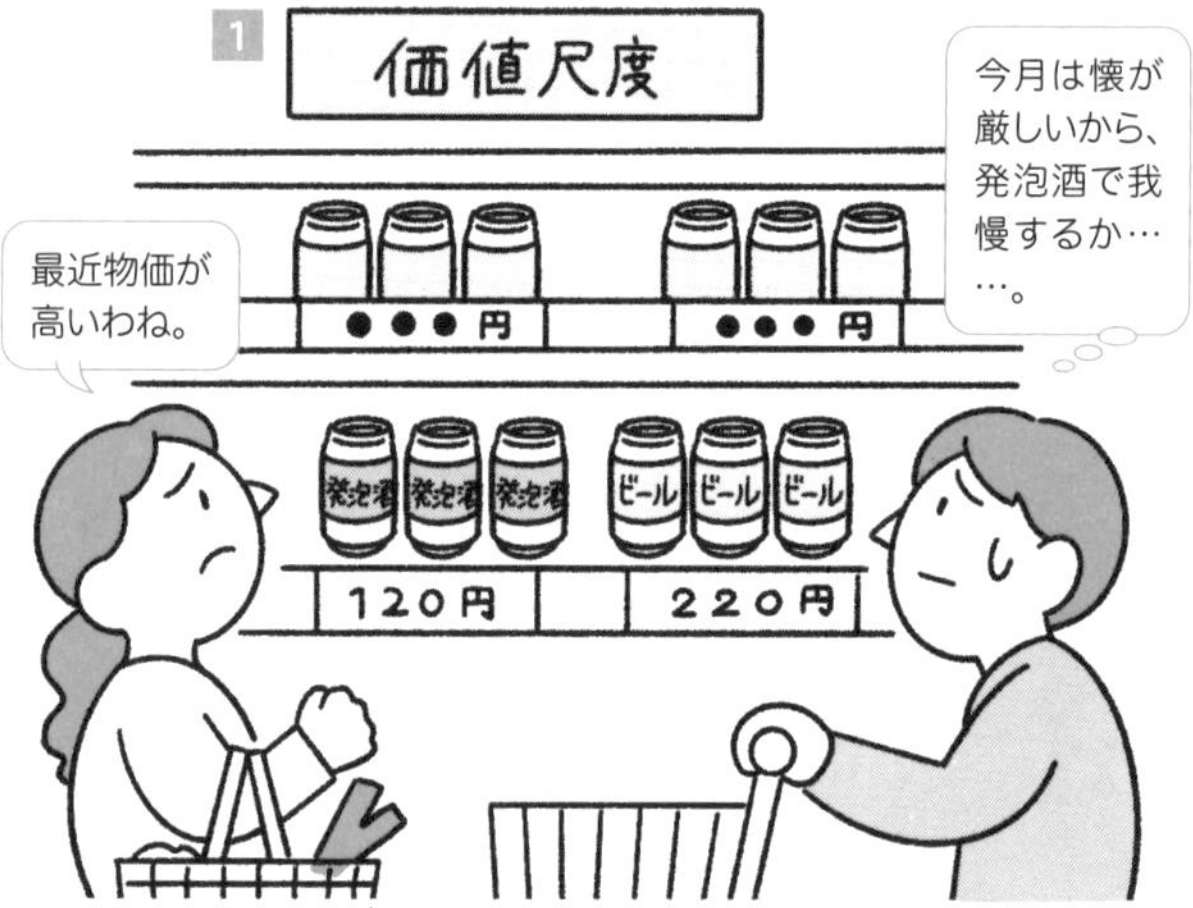
1
価値尺度
今月は懐が厳しいから、発泡酒で我慢するか……。
最近物価が高いわね。
●●●円
●●●円
発泡酒
ビール
120円
220円

「黄金欲」に振り回されていませんか？

貨幣には3つの機能があります。**1つは価値尺度**です。値段という尺度が商品につけられることによって、複数の商品のうちどれの価値が高いか低いか、その価値が簡単にわかり、売買がスムーズになるのです。

2つめは価値保存の機能です。マルクスは保存可能な貨幣を貯えることを「貨幣退蔵《かへいたいぞう》」と言いました。退蔵とは使わずに保存しているだけという意味です。貨幣退蔵をしている人は、

POINT
お金を貯めること自体が目的となることを「黄金欲」に目覚めるという

お金を増やすことができず、そのため資本家にはなれません。

また**3つめは支払い手段**としての機能です。魚と肉を交換するのでは、時間とともに鮮度が落ち、価値が下がる上に運搬も面倒です。これに対し、貨幣はずっと保存が可能であり、支払いも容易です。

貨幣は保存できるがゆえ、いくらあってもいいという気になりがちです。これをマルクスは「黄金欲」と言いました。価値尺度や支払い手段にすぎない貨幣を貯めること自体が目的になっている人は、この「黄金欲」に振り回されているのです。

囲い込み運動……………18ページ
イギリスにおいて地主階級による土地の私的所有を押し進めた運動。この運動によって多くの農民が土地を失い、都市に流れ込み、労働者となっていった。資本主義制度確立のために非常に大きな意味を持った運動である。

労働価値説……………23ページ
イギリスではリカードに、フランスではケネーによって代表される古典経済学者たちの考えをマルクスが発展させた重要な経済学説。商品価値が労働時間によって決定されるという学説である。

物象化……………26ページ
元来は人間と人間との関係であったものが、物と物との関係であるかのように倒錯的に捉えられてしまう現象。物象化が、資本主義体制における商品交換のメカニズムの根本を示す現象であることを、マルクスは強調した。

共同体……………28ページ
複数の構成員を持つ社会的集団。家族や村落など、血縁や地縁に基づいている。

封建時代……………31ページ
近代以前の社会・政治システムが展開された時代。この時代は土地を媒介として主従関係が成立していた。すなわち、国王、領主、家臣が土地所有によって結びついていた時代である。

宇野弘蔵……………34ページ
20世紀の日本を代表するマルクス経済学者。宇野はマルクスの考えを、理論的探究側面である原理論、経済的歴史発展分析としての段階論、経済的実践考察としての現状分析という3つのレベルから考察した。

フェチシズム……………47ページ
物質への偏愛を表すフェチシズムは、資本主義経済下では商品や貨幣の絶対化によって実現されている。つまり、より多くの商品や貨幣を得ようとする欲望が資本主義システムの根源にあるのである。

記号……………48ページ
あるものがそれ自身ではなく、他の何かを指し示す働きをしていること。この定義に従えば、貨幣も記号である。貨幣は商品そのものではなく、商品の交換単位となり得る数的な価値を有しているからである。

兌換（だかん）紙幣……………48ページ
金や銀といった、価値ある物質との交換が保証されている紙幣のことである。金本位制や銀本位制の下では、兌換紙幣を中心とした経済活動が行われていたが、こうした体制下では貨幣の発行量に上限が存在する。

共同幻想……………48ページ
マルクスによれば国家や社会体制といった観念領域が上部構造で、生活の実践である経済領域は下部構造である。上部構造は、共同体の構成員すべてによって保障される仕組みである共同幻想によって支えられている。

第 2 章

資本主義は「限界」ってどういうこと？

本章では資本の本質を明らかにすることで、現代日本が抱える格差社会、ワーキングプア、過労死……といった様々な問題に鋭く切り込んでいきます。資本主義のむき出しの暴力にさらされている労働者が置かれている状況を解説していきましょう。

そもそも、資本主義の「資本」って何ですか？

お答えしましょう！

資本とはお金を儲けるための無限に続く運動で、「G－W－G'」という基本式で表されます。

■ 資本の一般定式とは？

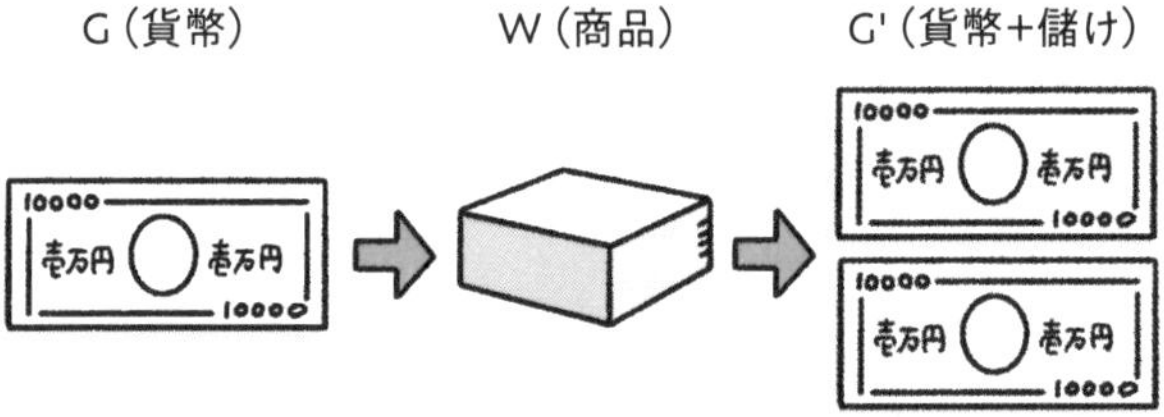

「G→W→G'」という基本式は、「貨幣（元手）」で「商品」を作って、それを売ることで「貨幣＋α」を得る運動のことです。

最後の＋αは商品を売って得られた儲け（利潤）のことで、価値が増殖した部分を指します。P58で詳細を説明しますが、この価値増殖部分は労働力によって生み出されます。

マルクスの資本の一般定式

資本主義の「資本」とは一体何でしょうか。お金や土地など、金銭的価値のことでしょうか。

マルクスは資本はお金ではなく、また工場や機械などの物でもなく、「運動」であると定義しました。それは絶えず価値を増やしながら自己増殖していくとされます。この運動をマルクスは「**G－W－G'**」という基本式で表し、これを「**資本の一般定式**」と呼びました。Gは貨幣を、Wは商品を表します。

POINT

G'は「貨幣＋儲け」で、元のお金に儲けが上乗せされたお金

■ 絶えず価値増殖を続けるのが資本の本質

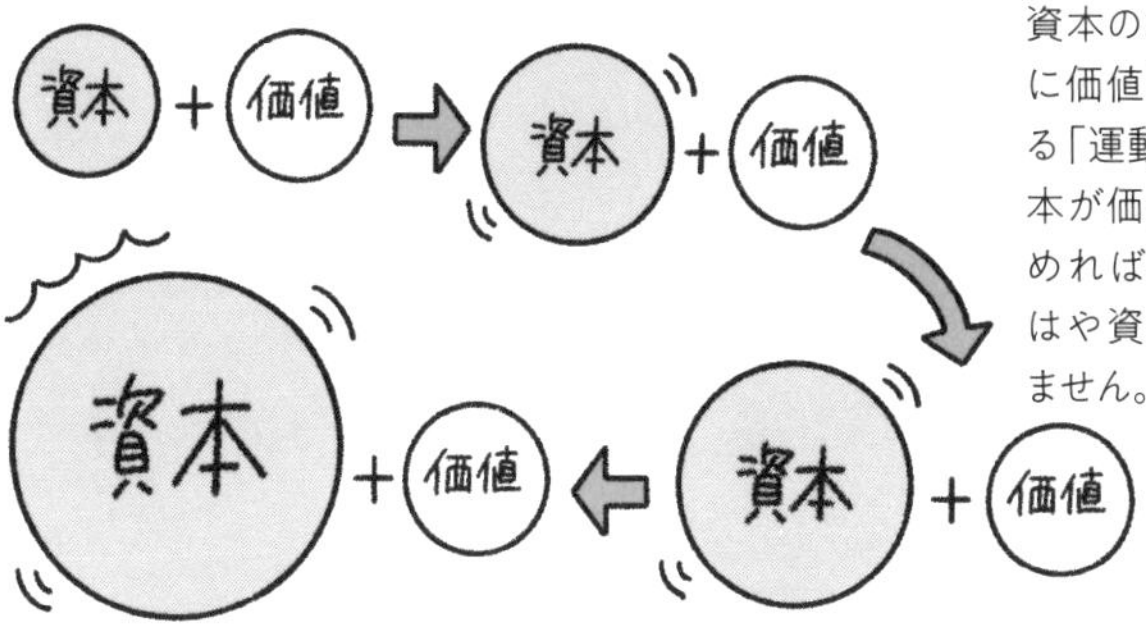

資本の本質は無限に価値増殖を続ける「運動」です。資本が価値増殖をやめれば、それはもはや資本ではありません。

資本主義が未成熟な社会ではP42で述べたように「W－G－W」、つまり「商品－貨幣－商品」で定式化されましたが、これに対して資本主義社会では「貨幣－商品－（貨幣＋儲け）」となります。G'は元のお金に儲けが上乗せされたものです。

資本とはお金を儲け続けるための運動

例えば、元手となるお金でカバンを作って販売したら、元手に儲けが加算されたお金が手に入ります。そうして手にしたお金でさらに売れそうなカバンを作り……という具合に、「G－W－G'」という運動をひたすら繰り返してお金を儲け、その儲けをどんどん大きくしていきます。儲かるのであれば商品はなんでも構いません。そこにおいては、使用価値も添え物に過ぎません。

資本とはお金を儲けるための運動であり、この運動を無限に続けるのが「資本主義」の仕組みなのです。

KEYWORD
G－W－G'……資本の一般定式。お金（資金）を元手に商品を作ってそれを売ると、元のお金に利潤が上乗せされることを示す。

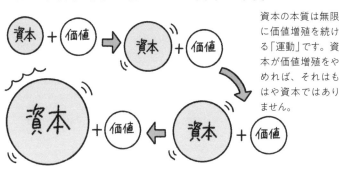

資本家は労働者から搾取する「悪人」なのですか？

資本家は悪意から搾取しているわけではない

「労働者から搾取し続ける資本家はすべて悪である」と決めつけるのは、確かに短絡的でしょう。ところが、資本主義は良い人のはずだった経営者すらも、利益追求第一主義者に変えてしまう危険性をはらんでいるのです。なぜでしょうか。

マルクスは貪欲な資本家に対し、道徳的問題から追及することはありませんでした。多くの資本家はもともと悪意を持って、労働者をいじめて搾取をしようと考えているわけではないからです。

資本家自体は、資本主義のシステムに単に操られているにすぎません。

資本主義は資本の無限な価値増殖を目指します。したがって、いったんこのシステムの中に入り込むと、資本家は労働者の労働条件をないがしろにして、利益の創出に目を向けざるをえなくなるのです。

この資本主義のシステムの力はしぶとく、起業時には社会のために貢献したいと思っていた資本家も、とりあえず会社を回すための利益を追求するうちに、さらに多くの利益を追求したいという方向へと駆り立てられます。

資本家によっては儲けたお金で個人的欲望を満たすこともしますが、多くの資本家は増えた利益を再投下して、さらなる価値増殖を目指します。

こうして十分な豊かさを得ているのに、際限のない利益の追求が目的となり、結局**その負担が労働者にのしかかってくる**のです。

POINT
資本の人格化である資本家の多くは、悪意で搾取してはいない

お答えしましょう！

いいえ。資本家は資本主義のシステムの中で、資本に操られているだけの存在でしかありません。

■ 資本主義の前では資本家も“操り人形”に過ぎない！

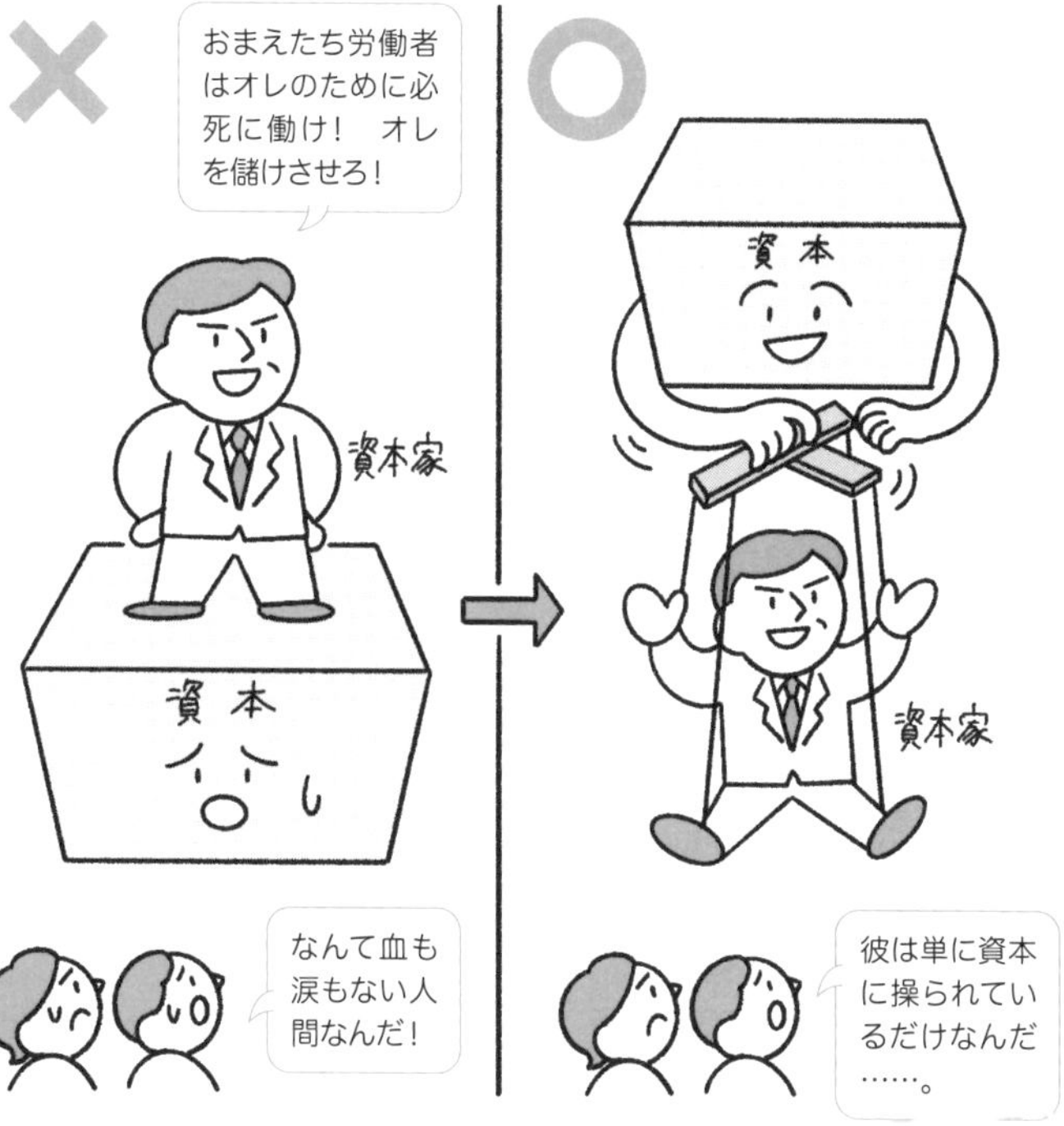

×
おまえたち労働者はオレのために必死に働け！　オレを儲けさせろ！
資本家
資本
なんて血も涙もない人間なんだ！
○
資本
資本家
彼は単に資本に操られているだけなんだ……。

KEYWORD

資本家……資本を出し利潤を得る人。企業を経営し労働者を使う人。資本主義のもとでは、真っ先に利益を追求する存在。

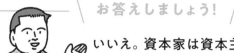

商品の価値を増殖させるものは何ですか？

POINT
マルクスは価値増殖の過程に投じる資本を、不変資本と可変資本に分けた

可変資本と不変資本 利潤を生むのはどっち？

マルクスの時代でも現代でも必ず労働者が機械などを稼働させ、労働することによって商品が作られます。それに当たり、原材料費や機械の代金は、商品の価格にそのまま転嫁されます。このように原材料や機械は、形が変わって商品の中に移るだけであり、その価値の大きさは加工後も変わらないため、「**不変資本**」と言います。

ところが、これだけでは資本家に儲けはありません。そこで儲けを得るために使うのが労働力です。労働者の働かせ方によっては、賃金として支払った金額以上の価値を生み出せることから、労働力を「**可変資本**」と言います。

例えば、労働賃金が1日あたり４０００円であれば（このときの1日の労働時間は4時間とする）、本来商品は原料代１０００円と機械代金５０００円に加え、労働賃金の４０００円を足した１００００円の価値を持ちます。ただし、このとき１００００円のコストで商品を作って、１００００円で売ったのでは、儲けはゼロです。

そこで、資本家は儲けを得るため、商品を2個作ろうとします。このとき、原料代と機械代金はそれぞれ２０００円と１００００円になり、商品2個分にそのまま価格が移転します。

一方、労働者の労働時間は2倍の8時間にします。このとき、労働者の賃金は４０００円のままです。すると、商品のコストは合計1万６０００円で、これを市場で2万円で売れば資本家は４０００円の利益を得ま

お答えしましょう！

商品の剰余価値（利潤）を増殖させるのは、可変資本である「労働力」です。

■ 可変資本の労働力が剰余価値を生む！

商品1個分

原材料：1000円
機械代：5000円
労働力：4000円

価値の合計：10000円

10000円の価値を生み出すのに、10000円のコストがかかっているので、利潤はゼロ。

➡

商品2個分

原材料：2000円（2倍!）
機械代：10000円（2倍!）
労働力：8000円（2倍!）

価値の合計：20000円

ただし、労働力に支払う賃金は4000円のままですむので※、コストは1万6000円。

4000円分が資本家の利潤になる。

※資本家と労働者は「1日の賃金（日給）＝4000円」で契約しているので、労働者が何時間働いても賃金は4000円のままである。

す。この4000円の利益の源泉は、労働者を2倍の時間働かせたところにあります。

　このように**労働力は消費すれば消費するほど、価値が増えていく**のです。これをG－W－G'で見ると、G'で増えた剰余価値（利潤）を生み出すのが、間に入る商品（W）を生み出す労働力であることがわかるはずです。

KEYWORD

可変資本……生産に投じられる資本のうち、生産過程で価値の大きさが変わる資本部分。労働者による労働力がこれに当たる。

どうして「過労死」はなくならないのですか？

POINT
資本家は最大の価値を得るために、労働者を時間の許す限り働かせ続ける

ブラック企業が存在するのは資本主義の必然!?

労働者は資本家と雇用契約を交わして、賃金の対価として労働力を提供します。そして、労働者が働くことで、労働力の価値（賃金）以上の価値が生み出されることを、マルクスは発見しました。

例えば、5時間働くことで賃金分の価値を作り出す場合（この5時間を「必要労働時間」と呼びます）、雇用契約で1日10時間労働になっているとしたら、残りの5時間で労働者が生み出した価値は丸々資本家のものになります。その価値を「剰余価値」とマルクスは呼びました。

例えば、ある会社の必要労働時間が8時間の場合、労働時間を8時間以上に延ばせば延ばすほど、その分剰余価値は増加します。このように**労働時間を長く延長することで得られる価値を「絶対的剰余価値」**といいます。

現在では150年前のマルクスの時代と異なり、法律により労働時間の上限は決められていますが、それでも労働者を働けるだけ働かせて利益を得るというビジネスモデルをとっている、いわゆるブラック企業は存在し続けています。労働力をとことん使い倒そうとする資本主義の論理は、労働者の心と体を蝕《むしば》み、うつ病や過労死をいまだに誘発し続けているのです。

例えば、少し前になりますが2008年に某有名居酒屋チェーンで過労死自殺事件が起こりました。入社からわずか2カ月で自殺した女性は、その2カ月の間に227時間もの時間外労働を強要されていたといいます。

お答えしましょう!

労働者を働けるだけ働かせれば、より多くの「絶対的剰余価値」が得られるからです。

■ 労働者を長時間働かせれば、それだけ資本家は儲かる!

資本家と労働者が契約した1日の労働時間

絶対的剰余価値を生む!

5時間	5時間
必要労働時間	剰余労働時間
‖	‖
賃金分の価値を生み出すのに必要な時間	丸々資本家のものになる価値。搾取の源泉

労働者を働かせれば働かせるほど、資本家は儲かる!
疲れて、もう働けないよ〜
もう無理!
資本家
労働者

KEYWORD

剰余価値 …… 労働者の労働力の価値（賃金）を超えて生み出される価値のこと。

労働環境がブラックなのに、なぜ人はそこまで頑張ってしまうの？

お答えしましょう!

「自らの自由意志で自発的に働いている」という自負心があるから、我慢してしまうのです。

■ 自由意志が労働者を追い込む?

このままだと納期に間に合わないから、月曜日までにやっといてくれない?
上司
承知しました。
また、土日も仕事か……。
でも、この仕事は自分が選んで決めたもの。だから、頑張るしかない!
部下
労働者から絞り取れば取るほど、会社は儲かる!
しめしめ
資本家

POINT

「資本の論理」に取り込まれて、理想的な労働者像を演じている

自分が選んだ職業だから責任感が生じる

P30でも触れましたが、近代に入って封建制度の鎖から解き放たれた労働者は個人の判断で労働力を売り、資本家と自由に雇用関係を結ぶことが可能になりました。人間が自由に職業を選べると聞くと、一見素晴らしく思えますが、実はこの**自由意志こそが労働者を奴隷に落としめ、過労死の原因**になるのです。

なぜなら、長時間労働やサービス残業などの過酷な労働条件を我慢して働き続ける人が多い

■ 資本の論理に取り込まれる労働者

どうぞ私の魂です。会社の成長と利益のために、死ぬ気で頑張ります!
魂
魂
労働者
うむ。よい心がけだ!
こいつら、ちょろいな……。
資本

のは、「自らの自由意志で選んで入社し、自発的に働いている」という自負心があるからです。そこには「与えられた仕事はやり遂げなければならない」という責任感が強く働いています。

悪魔に魂を売り渡す労働者

自発的に責任感を持って仕事に取り組む労働者ほど、資本家にとって都合のいい存在はいません。そうした労働者は奴隷よりも真面目によく働くし、どんな理不尽なことも受け入れてしまいがちです。

資本家が思い描く理想的な労働者像を、まるで自分が目指すべき姿だと思いこんでいるから、過酷な労働環境からなかなか抜け出せないのです。

この状態に陥った労働者は「資本の論理」に完全に取り込まれていると言えます。いわば、**自分の魂を悪魔に売り渡している**わけです。

KEYWORD

自由意志……自分の行動を自分でコントロールすること。誰からも強制・拘束・妨害などを受けないで、行動や選択を自発的に決定する意志。

資本家はどうやって労働時間を決めるの？

お答えしましょう！

できるだけ長く働かせたい資本家と労働者とのせめぎ合いによって決まります。

■ 資本家は労働者をできるだけ長時間働かせたい！

うーん。さすがに18時間労働はきついな。ね、眠すぎる……。
本当は24時間働かせたいんだけどなあ……。
労働者
資本家
1日の労働時間を長くすればするほど、絶対的剰余価値が増えて、資本家は潤います。

資本家はできる限り労働時間を長くしたい

P60では、労働時間を長くすることで資本家が得られる価値が絶対的剰余価値であることを説明しました。すなわち、1日の労働時間（＝労働日）を延長するほど剰余労働時間は長くなり、生産される剰余価値も増大するので、**資本家は労働時間を延長しようとする**のです。

だから、資本家にとって理想の労働日は1日24時間となります。実際、産業革命期のイギリスでは、それに近い過酷な長時

POINT

労働日（1日の労働時間）には労働者の肉体的・精神的限界が存在する

■労働時間を巡る資本家と労働者の対立

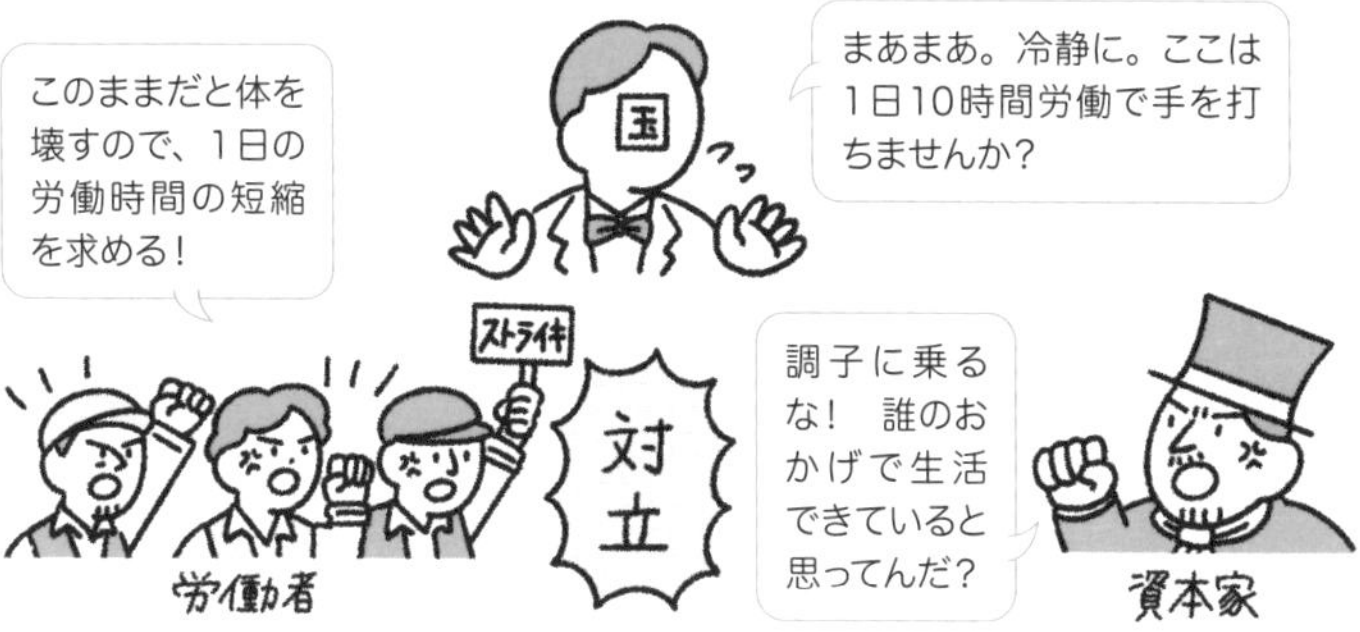
このままだと体を壊すので、1日の労働時間の短縮を求める！
国
まあまあ。冷静に。ここは1日10時間労働で手を打ちませんか？
ストライキ
対立
調子に乗るな！ 誰のおかげで生活できていると思ってんだ？
労働者
資本家

間労働が行われていました。

労働日を巡る労働者と資本家の攻防

しかし、あまりに過酷な労働時間は、労働者の健康を破壊し寿命を縮めることになります。そして、その結果、労働力の再生産（労働者が1日の労働で消耗した心身を回復して、翌日も元気に働ける状態になること）を阻害します。そのため、労働者は労働力が順当に再生産されるよう労働日の短縮を求めました。

こうした**労働日をめぐる資本家階級と労働者階級の激しい闘争の結果として、法律によって「標準労働日」が設定**されたのです。

イギリスでは1847年に10時間労働制が制定され、第一次世界大戦後にはＩＬＯ総会が8時間労働制を採択。日本では1947年制定の労働基準法で1日8時間、週48時間労働制となり、現在は労働基準法によって原則「1日8時間、週40時間まで」と定められています。

> **KEYWORD**
> **標準労働日**……法律などで定められた1日の労働時間。労働者の肉体的・精神的限度によって規定される。

なぜ、「生活残業」はなくならないの？

残業代ありきの生活設計

近年の政府主導の「働き方改革（P78参照）」によって、残業時間が減少したことは事実です。それでも日本では、所定時間外の労働が、まだかなり見られます。

その理由の一つに、住宅ローンや子どもの教育費などを補うための、いわゆる「生活残業」をしなければならない人が少なからず存在することが挙げられます。この問題の核心には、元々の賃金が安いという問題があります。基本賃金の安さを残業代で補填《ほてん》する必要があるのです。

この問題はマルクスの時代にも、もちろん存在していました。資本家は労働者をできるだけ長く働かせ、それによって多くの利益を上げようとしていました。しかし、働かせすぎると労働者が消耗して労働力の再生産にコストがかかるため、1日の労働時間（労働日）に法的制限が加えられました。

そして、標準労働日を超えた所定時間外の労働には、時間単位で割増しが支払われるようになりました。しかし、その割増率は「しばしば、ばかげたほどわずか」とマルクスは言っています。

現代の日本社会では、賃金が増加しないにもかかわらず、住宅ローンや近年の物価高などで支出が増えています。そのため、**基本賃金の不足分を補う方法として、時間外労働を、労働者が自ら望んで業を行おうという傾向**が強まっています。残業手当ありきで、世の中の労働者の多くは生活設計を立てているわけです。

POINT
残業代は所定時間外の労働に対して支払われる

お答えしましょう!

標準労働日(1日の労働時間)の給与だけでは充分に生活ができない人が、自ら進んで残業をしているからです。

■ 残業代がないと生活していけない?

今日も定時で退社だ。
山田さん、今日も残業ね。そんなに忙しいのかしら?
同僚
やることはだいたい終わっているけど、残業代のために、だらだら仕事するか……。
山田さん
君の残業時間が多すぎるって、人事部から報告があったよ。もっと作業を効率化するなど、残業を減らす工夫はできないのかね?
上司
誠にすいません!
住宅ローン
教育費
だって、基本給だけだと、生活できないんだもの……。

KEYWORD

生活残業 …… 企業で働く従業員が、基本給の低さを補うために、残業代を稼ぐことを目的として、意図的に残業する行為。住宅ローンなどを支払うために行われる。

出来高制は、実は資本家の巧妙な〝搾取〟？

お答えしましょう！

出来高制は労働者の賃金水準を下げることがあり、その場合は搾取の一種と言えます。

■ 出来高賃金のメリット

固定給制
出来高賃金制
いくら頑張って働いても給料は変わらないから、仕事は適当でいいや。
今月は少しサボったから、あまり稼げなかった……。
今月はむちゃくちゃ働いたから、ガッポリ稼げたよ！

出来高賃金のメリットとデメリット

賃金には日給や時間給などの固定給だけでなく、労働者が生み出した商品やサービスなどの成果物の量や質に応じて決まるという「出来高賃金」があります。

この制度は労働者の働く意欲を高め、労働者にとっても、資本家にとってもメリットのあるケースが存在します。

しかし、マルクスも指摘している通り、この制度によって、労働者一人ひとりが競争状態に

POINT
出来高制度は労働者間の対立を生む可能性がある

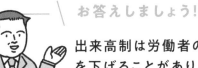

■ 出来高賃金のデメリット

この仕事は簡単ね。3時間でサクッとできちゃったわ。
引き受けたプログラムの仕事に、結局5時間もかかってしまった……。
なんだ、3時間でできるなら、その分だけの賃金をBさんに支払えばいいや！
フリーのプログラマーBさん
フリーのプログラマーAさん
発注元の社長

なり、賃金水準を低く抑えられるというケースも少なからずあるのです。

　つまり、出来高賃金という制度は、一見、**労働者にも資本家にもメリットのあるもののように見えて、実際には資本家だけが得をする制度になる場合も多い**のです。

資本家だけが得をする制度？

　例えば、今まで5時間かかっていた仕事が労働者同士の競争の過程で3時間でできるようになれば、資本家は3時間分の賃金しかその仕事に支払わないようになるでしょう。つまり、**労働者同士の対立や競争を利用して儲けようとする資本家が必ず出てくる**のです。

　もちろん、出来高賃金という歩合制により、労働者がより多くの収入を得られることもあります。しかし、この制度を資本家が悪用した場合には、多くの労働者の賃金は抑えられ、場合によっては失業してしまう可能性すらもあるのです。

KEYWORD

出来高賃金……労働者が生み出した商品やサービスなどの成果物の量や質に応じて支払われる賃金。

非正規社員や派遣社員の増加をマルクスは予言していた？

POINT

機械化などで労働の生産性が上がることにより、失業者は増加する

非正規社員や派遣社員は現代の産業予備軍

日本の契約社員やパート、アルバイトなどの非正規雇用者総計数は2003年に1504万人であったものが、2021年には2064万人と1・4倍に増加しています。

この傾向は改善されることはなく、これからも増えていくと予想されています。では、なぜ非正規雇用者数が増え続けているのでしょうか。その理由の一つにマルクスが考えていた「**産業予備軍**」の問題があります。

資本主義がどんどん発展していくと、機械化などで生産性が上がることにより、過剰労働者人口、つまり失業者を必然的に増加させてしまいます。この過剰労働者人口は資本家にとってはいつでも必要なときに雇って、必要のないときに首を切れる便利な存在で、これをマルクスは産業予備軍と呼んだのです。

産業予備軍とは、「いつでも働きますから、資本家のみなさん、搾取してください」と待っているような人たちです。「給料がどんなに安くても働きたい」という産業予備軍が増えれば増えるほど、現役の労働者の賃金増加を抑えることが可能になり、資本家にとっては大きなプラスになります。それゆえ、産業予備軍は資本家にとって歓迎すべきもので、労働者にとっては歓迎せざるものなのです。

現代日本の契約社員やアルバイトなどの**非正規雇用者は、現代の産業予備軍**と言えます。彼らは資本家が便利に雇用調整として使える存在です。それゆえ、非正規雇用者は常に、失業の危機にさらされているのです。

お答えしましょう！

マルクスは賃金を抑えるためのシステムとして、現代の非正規社員や派遣社員に当たる「産業予備軍」に注目しました。

■ 産業予備軍は雇用調整のために資本家に便利に利用される

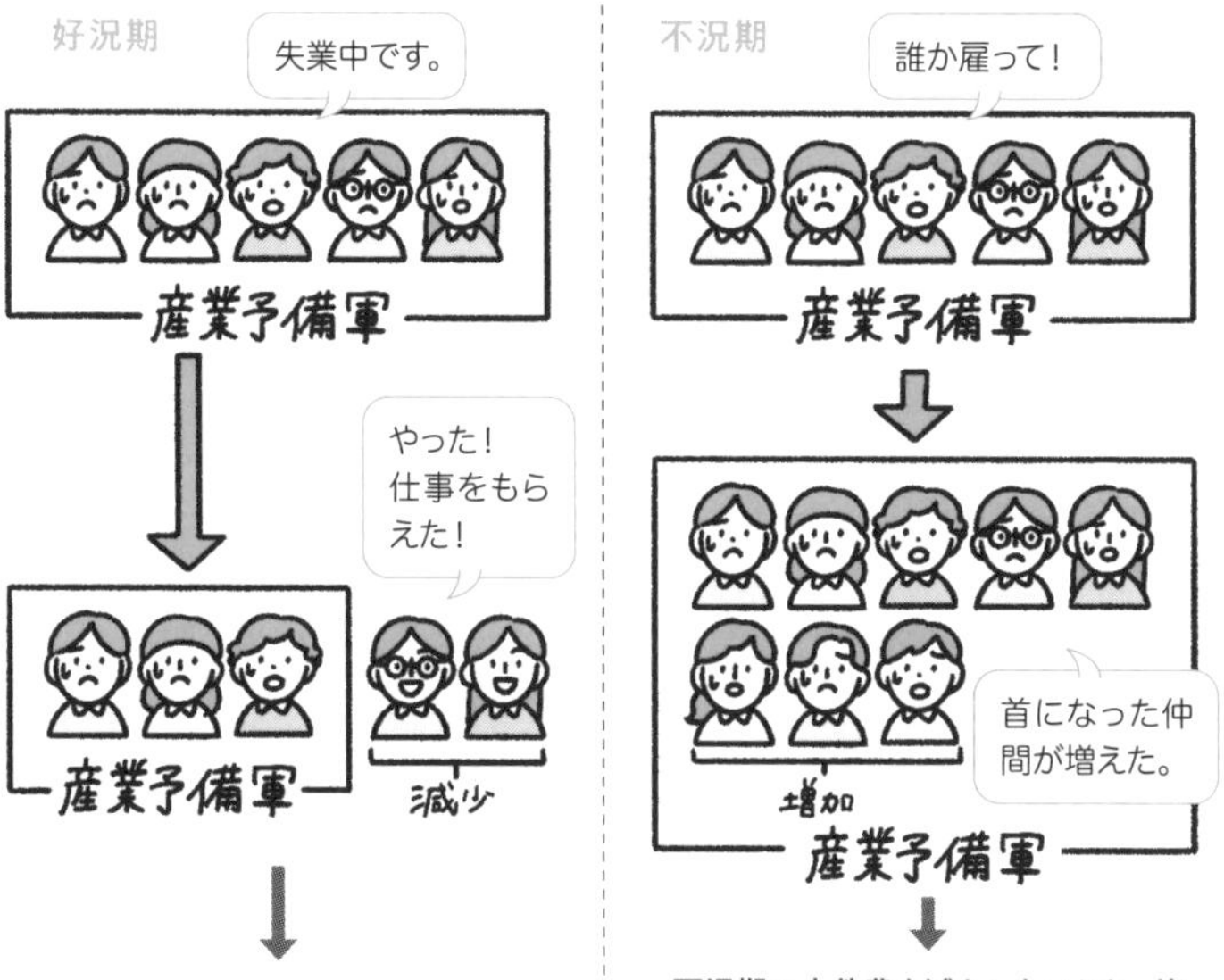

好況期に人手不足になったら、資本家は産業予備軍の中から労働者を雇うので、産業予備軍全体の数は減少します。また、産業予備軍の存在のおかげで、好況期における現役労働者の賃上げ要求を抑制できます。

不況期に人件費を減らしたいとき、資本家は労働者の首を切ります。そうした労働者は産業予備軍になるので、その数は増加します。また、産業予備軍の存在は、不況期における現役労働者の賃上げ要求への圧力として働きます。

KEYWORD

産業予備軍……資本主義社会で機械の採用・改良によって生じた、完全失業者・半失業者などの過剰労働者人口。

労働者は「疎外」されているってどういうこと？

POINT
分業化によって、労働者は仕事への「プライド」や「やりがい」を失う

分業が疎外を生む構造

「疎外」という概念は、元々ヘーゲルが提唱した哲学概念でしたが、マルクスはこの概念を自らの理論の中で特に重要なワードとして語っています。

人間は元来、自由で、平等であるはずですが、資本主義の発展によって本来あるべき状態から切り離され、みじめな状態に陥ってしまいます。この疎外が起きるメカニズムをマルクスは次のように説明しています。

資本主義においては、生産力が向上し続けることが重要視されます。そのために資本家は、労働者をいかに効率的に支配し、管理するかを考えます。

労働のプロセスは、「構想」と「実行」の二つに大きく分かれます※。前者は精神的労働で、後者は肉体的労働です。資本主義のもとで生産性が高まると、構想と実行のプロセスが分断され、構想は特定の資本家や、資本家に雇われた管理者が独占し、労働者は実行のみを担うようになってしまいます。

この構想と実行の分離は、作業の分業化の過程で生じます。分業化が起きると、労働者は自分を資本家に認めてもらうために単純労働を一生懸命に行います。つまり、**資本主義社会においては、自分が匿名的な存在として生産物の生産をする（実行をする）だけのむなしい活動を行うようになる**のです。

そこでは、個人の創意工夫も自己実現も無視されます。いわば、構想を欠いた実行のみの状態であり、マルクスはこの状況を労働者が労働から疎外される「**労働疎外**」と呼んだのです。

※『100分de名著 カール・マルクス「資本論」』（NHK出版）において、斎藤幸平氏は、労働のプロセスを上記の２つに分けて説明している。

お答えしましょう！

労働において構想と実行が分離され、労働者は実行のみを担うようになったからです。

■ 構想と実行の分離が「労働疎外」を生む！

資本主義以前　＝　構想と実行の一致

ここはこう工夫しよう。
こんな感じかしら？

資本主義以前の中世ヨーロッパでは、ギルド（中世ヨーロッパにおいて組織された、親方・職人・徒弟からなる商工業者の特権的同業団体）によって守られた職人が、「構想（精神的労働）」と「実行（肉体的労働）」の両方を行いながら、物を作っていました。そこには職人としてのプライドとやりがいが存在していました。

資本主義以降　＝　構想と実行の分離

毎日単純作業ばかりでむなしい……。
実行
＝
労働者
疎外
分断
さて、今度は何の事業を始めようかな？
構想
＝
資本家

資本主義社会が発展していくと、構想＝資本家、実行＝労働者という分離が起こり、労働者は無味乾燥な単純労働をひたすら行うようになりました。

KEYWORD

疎外……資本主義の下で、人間が本来あるべき状態にいることができずに、過酷な状態に追い込まれていくこと。

ワーキングプアはどうして生まれるの？

働いても働いても貧しいまま……

フルタイムで働いて賃金を得ているにもかかわらず、貧困生活を送っている人たちを指すワーキングプア。こうした人たちはマルクスの用語で言う**「労働力の再生産費」、つまり「労働力を維持するための最低限のコスト」を資本家が可能な限り低く抑えようとするために生み出されます**。しかし、そんな状況下にある労働者は生きていくギリギリの賃金しか得られないため、結婚もできず、幸福な家庭を築くこともできません。

ワーキングプアは日本語では「働く貧困層」と呼ばれていて、長時間労働や過労死の一因にもなっています。2000年代に入り、ワーキングプアの人数は増加し続けており、大きな問題となっています。

しかし、150年前のマルクスも、ワーキングプアの存在についての厳密な分析をすでに行っています。マルクスが分析したワーキングプア誕生のメカニズムは、以下のようなものです。

まず、技術革新、機械の導入などにより生産性が上がったことで、労働者の数が少なくすむようになります。これによって、資本家は「これだけの給料で不満ならば、辞めてもらってもいいです」と労働者に強く主張することが可能になります。

その結果、資本家はより安いお金で労働者を雇うことが可能になり、労働者は生きていく上でギリギリの賃金しかもらえない貧困層に転落するという状況に陥るのです。こうして、働いていても貧しい、ワーキングプアが生まれていくのです。

POINT
生産性の向上による賃金カットが貧困者を増やす

お答えしましょう!

資本家はより多くの利益を得るために、労働者の賃金を可能な限り抑えようとするためです。

■ ワーキングプアが生まれるメカニズム

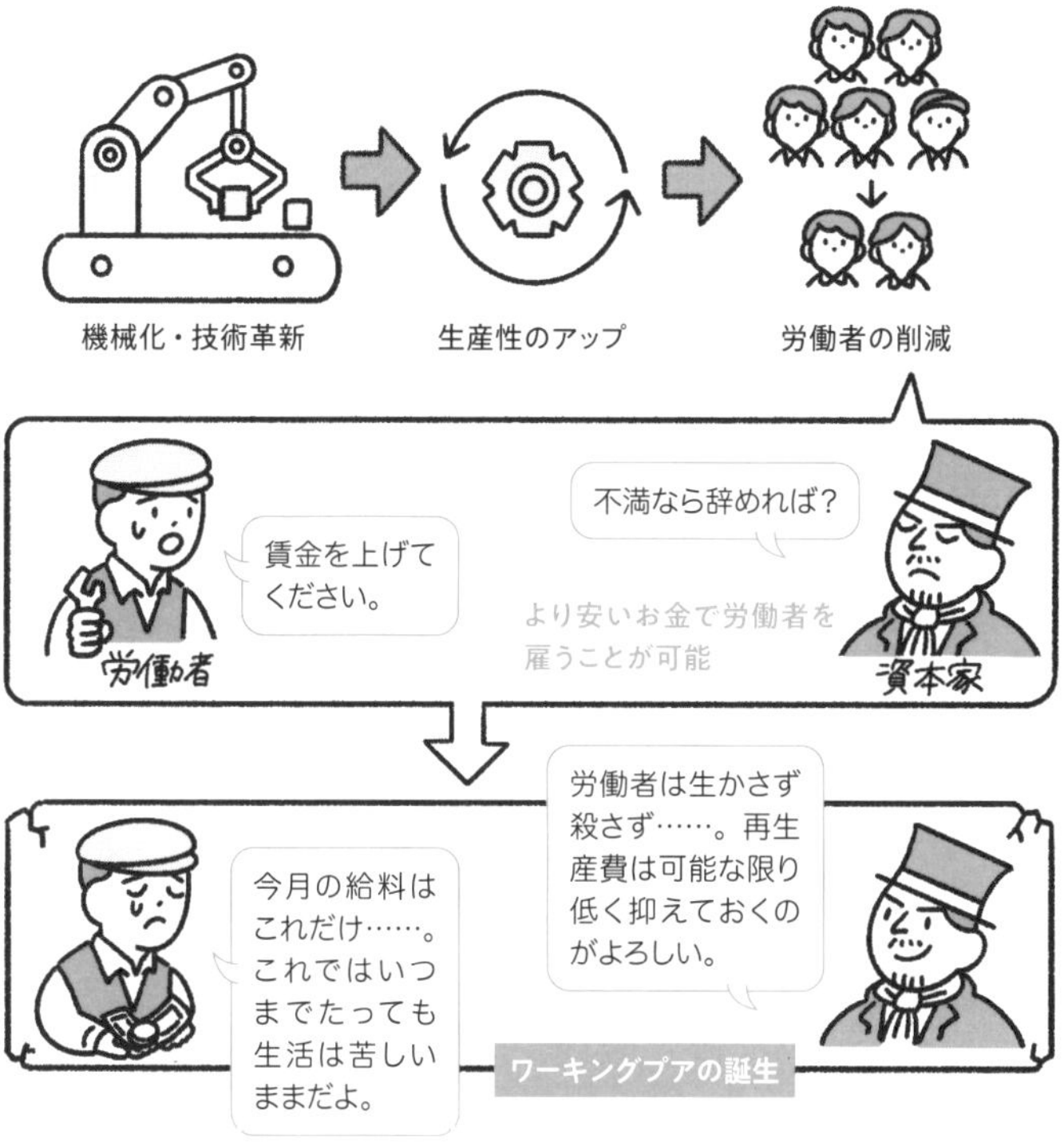

機械化・技術革新
生産性のアップ
労働者の削減
賃金を上げてください。
不満なら辞めれば?
より安いお金で労働者を雇うことが可能
労働者
資本家
今月の給料はこれだけ……。これではいつまでたっても生活は苦しいままだよ。
労働者は生かさず殺さず……。再生産費は可能な限り低く抑えておくのがよろしい。
ワーキングプアの誕生

KEYWORD

ワーキングプア……労働して収入を得ているにもかかわらず、その収入では必要最低限の生活しか送ることができない人のこと。

なぜ、格差社会は広がり続けるの？

お答えしましょう！

経済発展で資本家の利益は拡大していくが、労働者の収入はどんどん抑圧されるからです。

■ 資本主義の発展は必然的に経済格差を拡大する

今日もカップラーメンか……。
資本家
労働者
資本主義が発展していくと、資本家はどんどん豊かになる一方で、労働者は困窮していきます。そして、その経済格差は固定化、あるいは拡大化していきます。

POINT
資本主義は資本家に有利で、労働者に不利な体制

2つの階級の格差は決して縮まらない

資本主義が発展していくと、資本家がますます肥え太る一方で、生活困窮者や生活保護を必要とする人（救護貧民）が増えていきます。

マルクスはこうした状況を「一極における富の蓄積は、同時に対極における、すなわちそれ自身の生産物を資本として生産する階級の側における貧困、労働苦、奴隷状態、無知、粗暴、道徳的堕落の蓄積である」と表現しています。つまり、**格**

■「虚構のシステム」は現代の資本主義ならでは

差社会が常態化していくと主張しているのです。

現代の資本家は虚構のシステムで儲ける

　このようにして起きた格差は単に経済のみならず、健康面、精神面、知的面での格差も生み出します。お金がないと十分な医療も、教育も、満足な余暇も得られず、心も、健康もますます貧しくなってしまいます。

　注目すべき事柄がもう一点あります。それは資本家は容易に富を蓄積できる手段を持っているが、労働者にはないという点です。例えば労働者が苦労して工場で8時間働いて得たお金を、資本家である富める者はゆったりとイスに座って、コーヒーを飲みながらPCやスマホを使って一秒で獲得することが可能だということです。

　実際の労働よりも虚構のシステム（FX、仮想通貨など）が重視されるため、格差が広がる一方となるのが、とくに現代の資本主義制度の特徴と言えます。

KEYWORD

格差社会……経済力の違いによって社会階層化が生じて、ある階層から別のある階層に移ることが極めて困難な社会のこと。

「働き方改革」は労働者のためではないってどういうこと？

POINT
「働き方改革」はマルクスの時代の「工場法」によく似ている

お答えしましょう!

実は、資本家がより効率よく搾取を行うための方策という一面を持ちます。

■「働き方改革」は現代の「工場法」？

テレワーク
時短
育児休暇
政府
雇用格差是正
フレックスタイム
一億総活躍社会
働き方改革
これは現代の「工場法」だ！
わーい！労働時間が短くなる。
いろいろな働き方が可能になるわ。

働き方改革と工場法の共通点

2019年4月に「働き方改革関連法」が施行されました。長時間労働の是正や正規・非正規間の格差解消などを柱にするこの法律は、労働者にとって聞こえのいいものです。ところが、マルクスの理論によれば、その根底には資本家が効率よく労働者を働かせようという搾取の構造が見えてくるのです。

　マルクスの時代にも、これに似た法律がありました。19世紀のイギリスで制定された**工場法**

■「働き方改革」の本質とは?

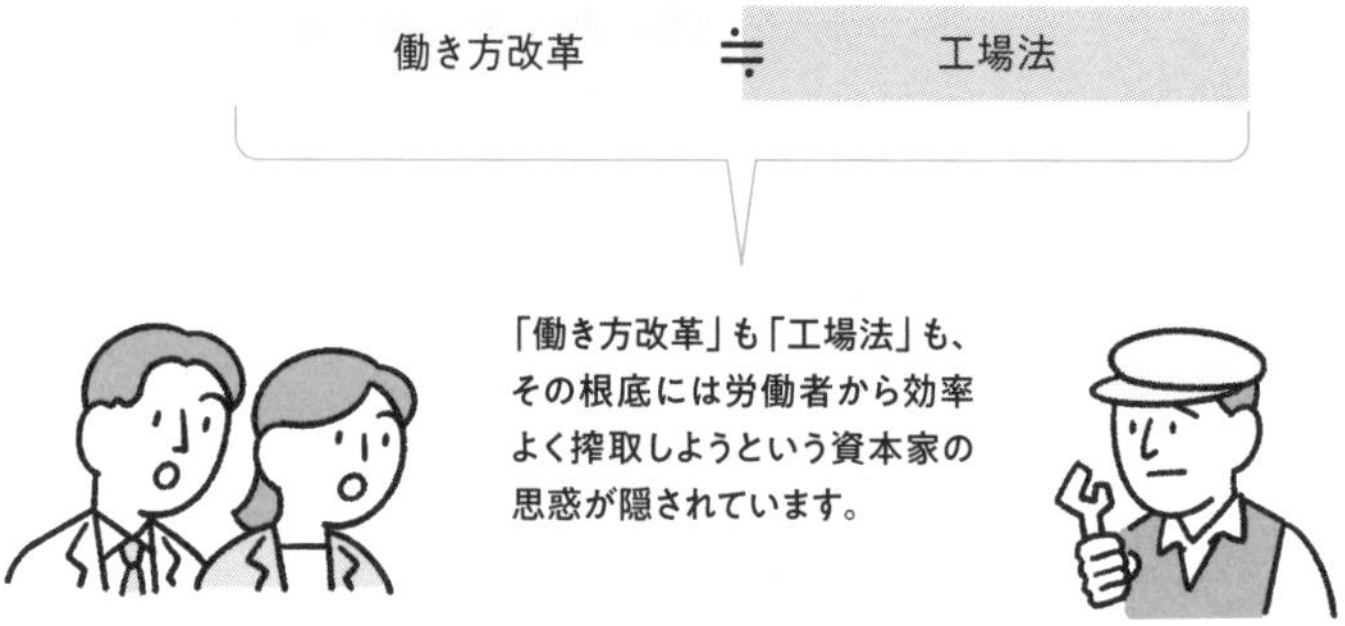

働き方改革 ≒ 工場法
「働き方改革」も「工場法」も、その根底には労働者から効率よく搾取しようという資本家の思惑が隠されています。

です。工場法制定以前、労働現場では度を超えた長時間労働が日常的に行われていました。

工場法はそれを制限するもので、確かに労働条件の改善といえる部分もありました。マルクスもそれを認めた上で、しかし、**根底には資本家による搾取を効率よく行おうとする構造がある**としたのです。

労働者は生かさず殺さず効率よく搾取すべし

工場法の制定はあまりに過酷な労働を強制することで、労働者に限界が来て、最終的に労働力が不足するのを防ぐためでした。搾取する労働者がいなくなると、資本家も困るのです。そこで資本家はあえて労働者を休ませることで、労働力の再生産を保とうとしたのです。

結局、働き方改革も工場法も、**資本家が資本主義に内在する搾取の構造を継続させるための、その場しのぎの「まやかし」**という面があることは否定できないのです。

KEYWORD
工場法……19世紀イギリスで工場労働者の保護を目的に成立した一連の法律。一日の労働時間の制限など、労働条件を改正した。

資本家にとって労働者は結局どのような存在なの？

POINT

資本家は今だけ儲かればいいと思い、労働者を酷使している

お答えしましょう！

『資本論』によれば、使い捨ての消耗品であり、酷使して心身を壊しても知ったことではありません。

■ 企業の表の顔にだまされていませんか？

わー、なんか素敵な会社。自分の能力を活かせるかも……。
叶えたい未来へ.
あなたの「やりがい」を大切にします.
就活生
おいおい。大丈夫か？ これは広告代理店が適当に作った企業の表面的なイメージだぞ。入社したら、化けの皮が剥がれるかもしれないよ。

企業の表と裏の顔のギャップ

企業は優秀な人材を欲し、その人材が入社してくれるような魅力のある会社像を示します。しかし、これは表向きです。いったん入社してくれたなら（労働力を買ったなら）、あとはどんなに酷使してもかまわないという姿勢は現在でも変わりません。

2015年に大手広告代理店の新入社員の痛ましい過労死がありましたが、これはそのよい例です。この事件で日本の企業のあり方が問われました。

※岩波文庫版の表記は「後は野となれ山となれ!」だが、ここではマルクスが引用した出典元の言葉とされる「Après moi le déluge」の直訳を優先した。

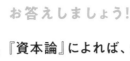

■資本家にとって労働者の未来はどうでもいい？

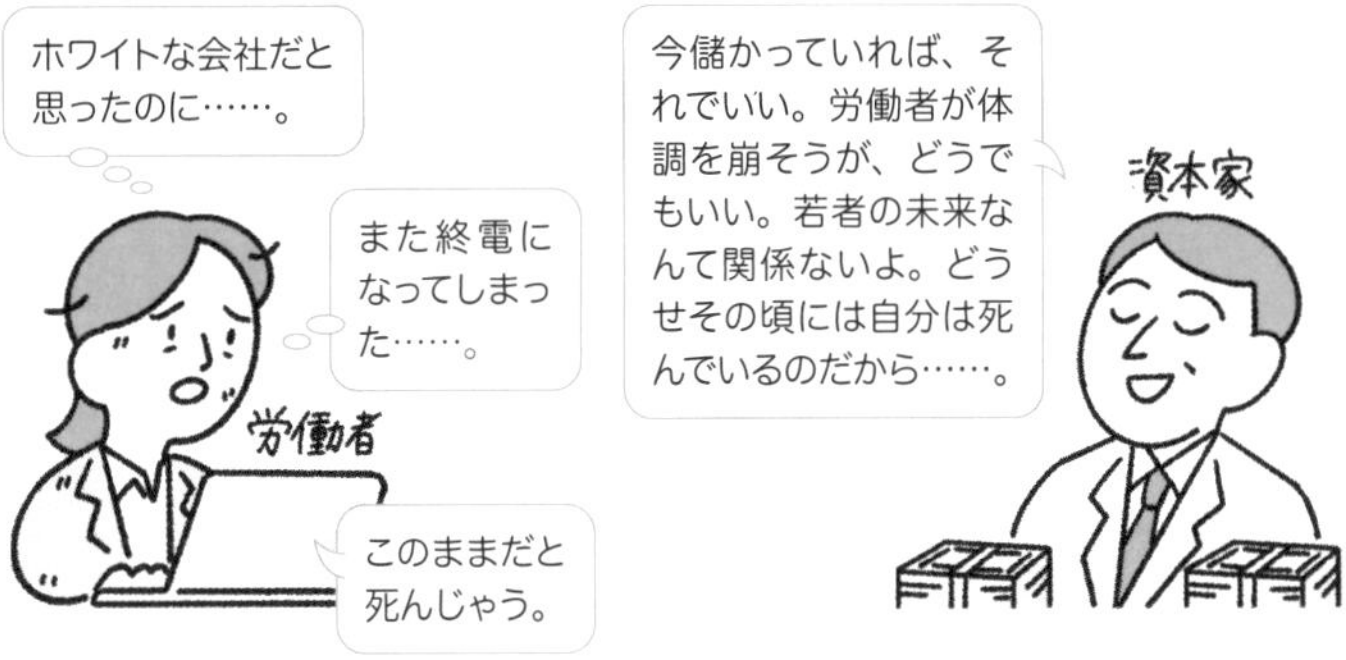
今儲かっていれば、それでいい。労働者が体調を崩そうが、どうでもいい。若者の未来なんて関係ないよ。どうせその頃には自分は死んでいるのだから……。
資本家
ホワイトな会社だと思ったのに……。
また終電になってしまった……。
労働者
このままだと死んじゃう。

現在の利益を優先し、未来に責任を持たない

マルクスは企業のこうした姿勢をすでに150年前から予言して、『資本論』の中で「洪水はわれ亡きあとに来たれ！※」という有名な言葉を残しています。これは、**資本家や資本主義が現在の利益を優先し、今儲かっていればあとはどうなっても構わない**という意味です。

つまり、酷使された労働者が過労で死のうがかまわない。資本家は社会に強制されない限り、労働者の健康や寿命に配慮する必要がない。儲からなければ、不要な人材を解雇してもよい……。そういう意味でした。

現代では確かにマルクスの時代よりは労働環境は改善しましたが、派遣切りや過労死などの問題は変わらず存在します。このままでは、多くの労働者が資本の残酷な論理に殺されてしまいます。**資本主義は、今まさに限界を迎えている**のです。

KEYWORD

洪水はわれ亡きあとに来たれ！……資本家と資本主義は現在の利益のみを追求し、未来や労働者のことは考えていないということを示すマルクスの言葉。

資本の一般定式……54ページ
マルクスが『資本論』の中で示したG－W－G'。つまりは、もともとあった貨幣（G）を商品（W）に変え、付加価値のついた貨幣（G'）に変えるという公式。これは単純化して述べれば、安く物を買って、高く売り利潤を得る活動を示す。

可変資本……58ページ
生産過程で労働力購入のために投入される資本のこと。すなわち、労働者は価値生産行為によって賃金以上の価値を生み出し、資本家はその価値を搾取することで利潤を得ていく。この経済システムが資本主義である。

不変資本……58ページ
生産過程において、その価値を増殖させない資本のこと。原料、生産機械、土地、建物といった資本。不変資本はその資本以上の利益を生み出すことはないが、生産活動を展開するためには必要不可欠な資本である。

必要労働時間……60ページ
一日の労働時間において、労働者が労働力の価値と同等の価値を生み出すための時間。簡単に言うならば、賃金分の価値を生む労働時間のことであり、これを超える価値が生み出されると、そのすべてが資本家の利益となる。

剰余価値……60ページ
労働者に支払われる価値、つまりは賃金以上に生み出される価値のこと。剰余価値を搾取した資本家は、それをさらなる利益増加のために投資していく。この経済活動過程が資本主義システムの源泉となっている。

標準労働日……65ページ
法律や労働協約によって規定された一日あたりの労働時間。時代や国によって標準労働日は変化するものであるが、現在の日本においては、労働基準法によって1日8時間と規定されている。

産業予備軍……70ページ
資本主義生産体制下で生み出される相対的過剰人口。それは、生産体制の中で必要に応じて雇用される失業者や半失業者のことである。産業予備軍の増加は、労働者の賃金を抑制するための大きな要因となる。

疎外……72ページ
マルクスは、人間が自らの作り出した物や制度などに支配されることを「疎外」と言った。資本主義体制における疎外の深刻化と疎外された人間が人間性を奪われていく悲劇に対して、マルクスは何度も警鐘を鳴らした。

ワーキングプア……74ページ
働いているにもかかわらず、貧困状態を抜け出せない労働者。

工場法……78ページ
工場で働く労働者の保護を目的として作られた法律。工場法が初めて制定されたのは、19世紀前半のイギリスであった。この法律は産業革命期の劣悪な労働条件の改正を目指したが、十分なものではなかった。

第 3 章

なぜ、私たちの給料は上がらないの？

仕事で成果を出しても、給与に反映されない……。イノベーションによる生産性アップが、労働者を貧困に追いやる……。この章では、いかにして資本家が労働者から徹底的に搾り取るのか、そのメカニズムを解説していきます。

資本主義において生産力がアップすると何が起きるのですか？

お答えしましょう！

物価や賃金は下がる一方で、「相対的剰余価値」が増え、企業の利益は増えます。

■生産力アップが相対的剰余価値を生むメカニズム

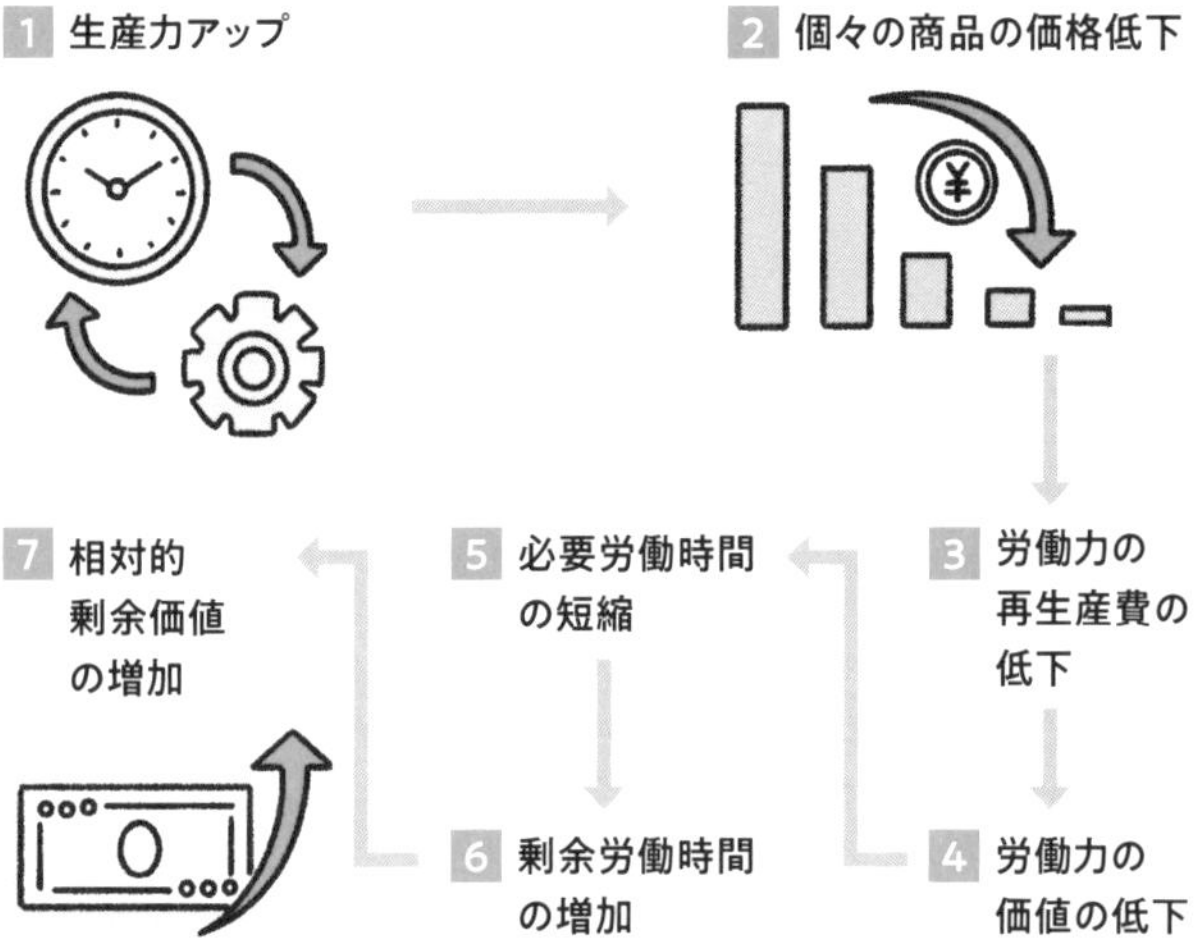
1 生産力アップ
2 個々の商品の価格低下
3 労働力の再生産費の低下
4 労働力の価値の低下
5 必要労働時間の短縮
6 剰余労働時間の増加
7 相対的剰余価値の増加

絶対的剰余価値から相対的剰余価値へ

資本家が得られる剰余価値（P60参照）には、絶対的剰余価値と相対的剰余価値があります。このうち、絶対的剰余価値は、P60で触れたように労働者の労働時間を増やして得られるものでした。

ところが、労働者を長時間こき使うことは、現代はもちろんマルクスの時代でも法で規制されていました。また、長時間労働させると労働者の作業効率も落ちます。よって、資本主義の

POINT

生産性を向上させることで相対的剰余価値は増加する

■ 必要労働時間と剰余労働時間の比率を変える

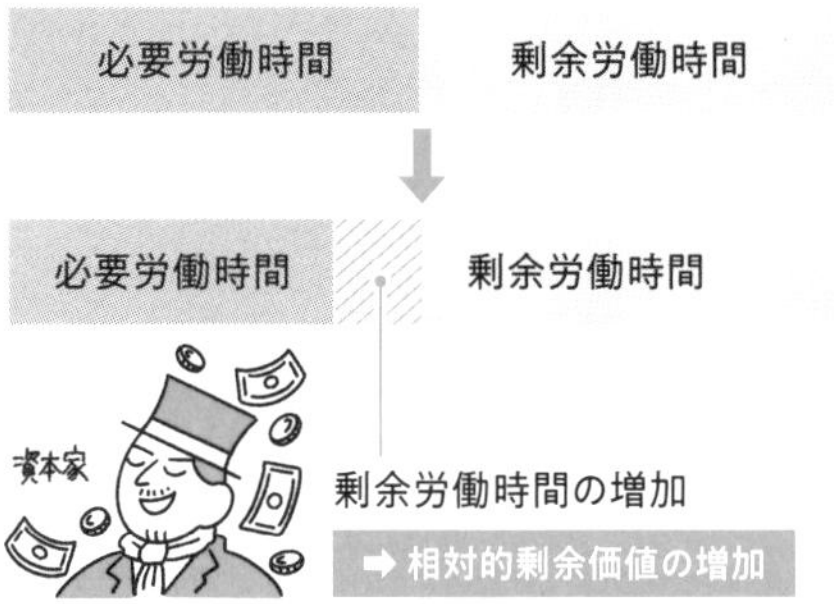

生産力がアップすることで、物価が下がり、その結果、資本家が労働者に支払う賃金（=労働力の再生産費）は安く済むようになります。必要労働時間も短くなるので、1日の労働時間が一定ならば、相対的に剰余労働時間が増えて、剰余価値が大きくなります。

発展は、**絶対的剰余価値の追求から相対的剰余価値を高めることにシフト**していきます。

労働生産性アップが新たな利潤を生む

相対的剰余価値とは、労働の生産力を高めることで生まれる価値です。機械化などで労働生産性が上がり、商品を今までよりも少ない労働力で生産できるようになれば、その商品の価値は低下します。

すると、個々の商品の価格が安くなるので、その商品を買って生活する労働者の生活費も安くなる、すなわち、労働力の再生産費（P36参照）が低下し（資本家が労働者に支払う賃金が安く済み）、労働力の価値も下がります。結果的に、必要労働時間は短縮され、相対的に剰余労働時間は長くなり、剰余価値が増加します。

このように、1日の労働時間（標準労働日）が不変だとして、**必要労働時間と剰余労働時間の比率を変えることで増加する価値を相対的剰余価値**といいます。

KEYWORD

相対的剰余価値……労働時間が変わらない状況で、労働生産性を上げ、必要労働時間を短くすることによって生じる剰余価値。

搾取の構造
2

イノベーションにより獲得される特別剰余価値とは？

お答えしましょう！

他の企業にその技術が広まるまでの「期限付きの剰余価値」のことです。

■ イノベーションが特別剰余価値を創り出す！

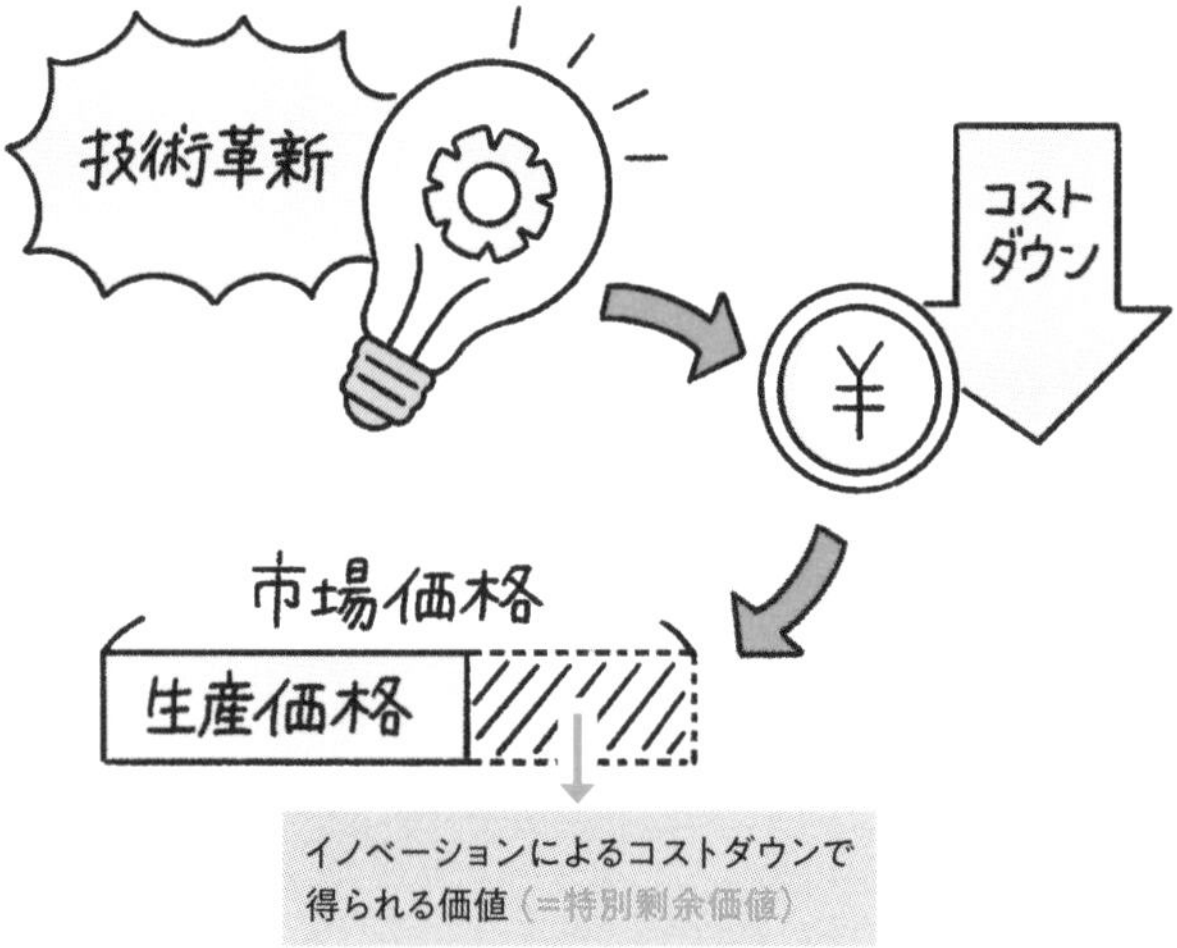

イノベーションが利益を生み出す理由

イノベーション（技術革新）が起きると、一般的に新しい技術によってこれまでよりも安いコストで商品を生産できるようになります。

したがって、イノベーションがまだ市場に波及していない状況で、イノベーションを起こしたA社が市場価格（社会的価値）でその商品を販売すれば、安くなったコスト分だけ利益を得ることができます。これが、**特別剰余価値**です。

POINT

イノベーションは利潤を生み出すが、その効果は期限付き

■ 特別剰余価値は期限付き!?

COST
A社
EV車
B社
C社
他社に技術が流出
A社の新技術をコピーしたら、うちもコストダウンに成功したぞ!
私の会社もよ!
新技術によりEV車を従来の半分のコストで製造できるようになったぞ! これを今の市場価格で売れば、浮いたコスト分だけ儲けになる。
ひえ〜、イノベーションによる特別剰余価値がなくなったよ……。

特別剰余価値は期限付き

ところが、A社の商品が市場に広まり、B社がA社の新技術を用いてA社と同じコストで類似した商品を販売したらどうなるでしょう。多くのユーザーはどこが元祖であるかにこだわりません。

結局、A社とB社は同じ程度の利益に収まります。さらにC社、D社……と多くの企業がA社の新技術を模倣してコストダウンに成功すれば、もはやA社の技術革新の意味がなくなります。したがって、**特別剰余価値はその時期が来るまでの期限付き**の剰余価値になります。

資本主義経済では、企業は自らの利益を増やそうと絶えず創意工夫をしています。そのため、イノベーションによる特別剰余価値は様々な分野で発生しますが、やがて新しい技術が市場に広がると、「特別な」価値は消失してしまうのです。

KEYWORD
特別剰余価値……技術革新により商品生産にかかるコストが以前より少なくなったときに、市場価格と生産価格との間に生まれる差益。

お答えしましょう！

分業のせいで、労働者はやりがいのない単純な仕事を安い賃金でやらされるようになりました。

■ 分業が資本主義を育む

分業の浸透前
分業の浸透後
すべての工程を１人で行って、靴を作っています。
自分が何の製品のどの部分を作っているのかわからない。やりがいなんてない。
職人
工場労働者
人間性は疎外される一方で、資本主義の成立条件が整う！

分業が資本主義の仕組みを生み出した

かつて製品は、熟練した職人が1から10まで製造していました。このため、雇い主は職人なしに製造ができず、職人に高い賃金を払っていました。

しかし、雇い主は商品の製造を大勢で分業（P72参照）して行うことで、大量生産が可能になることに気づきました。

自動車の例で言えば、数人の熟練工たちで1台ずつ作っていたものがベルトコンベアーの発明により、各工程に大勢を配

POINT
分業は労働者から仕事の「やりがい」を奪う

■分業により生産性アップ!

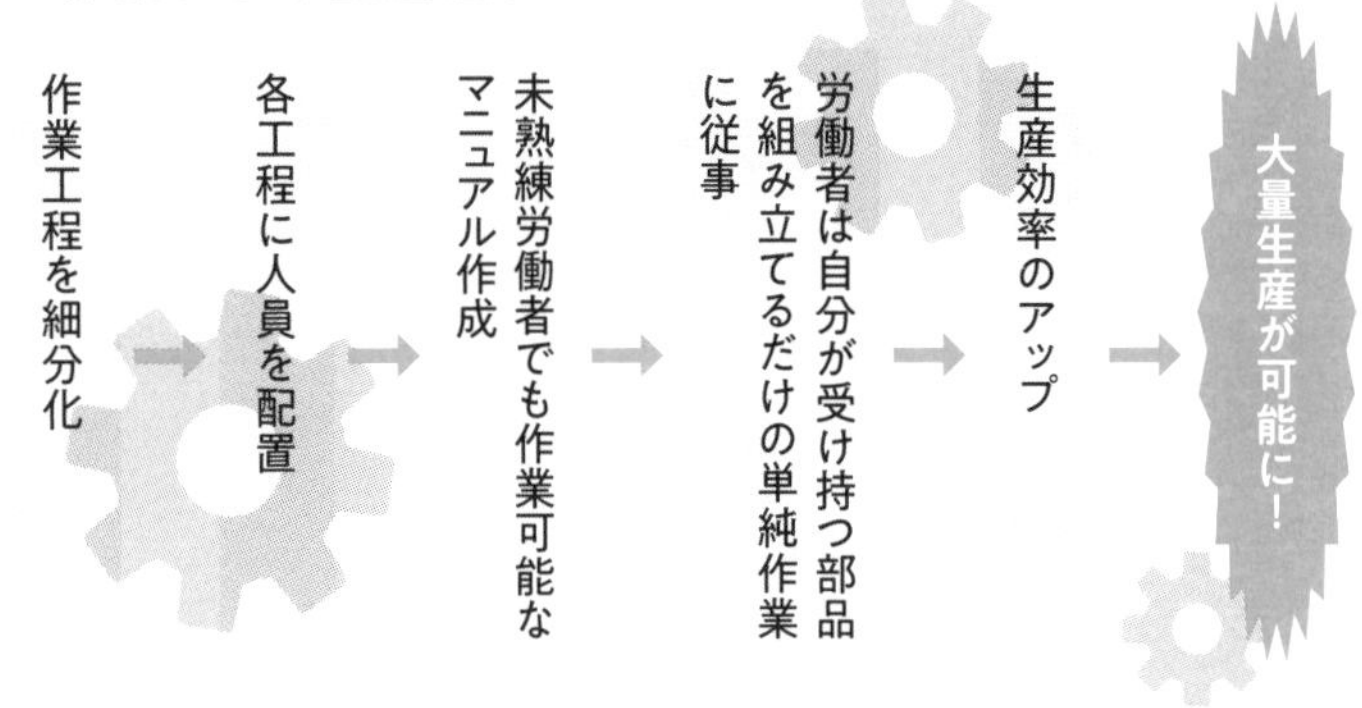

作業工程を細分化
各工程に人員を配置
未熟練労働者でも作業可能なマニュアル作成
労働者は自分が受け持つ部品を組み立てるだけの単純作業に従事
生産効率のアップ
大量生産が可能に!

置。素人でも作業可能なマニュアルを作って、各自が自分の受け持つ部品の組み立てだけを行うことで、1日に何百台もの生産が可能になりました。流れ作業にすることで、効率が格段に向上したのです。こうして、**分業は資本主義を生み出し発展させる一因**になりました。

分業は労働者からやりがいを奪う

資本家は熟練工に高い賃金を払う必要がなく、誰でもできる仕事を低賃金で素人に任せることで、大量生産を実現しました。これによりコストを大幅に削減でき、低価格で大量に商品を供給できるようになったのです。こうして、企業（資本家）の利益は大幅に増大しました。

しかし、分業は効率化を進める一方で、大勢の労働者に1日中、同じ作業を強いるものとなりました。P72でも言及したように、もはや1人で行っていたときのやりがいはありません。こうして、**労働者の人間性は疎外されていきました。**

KEYWORD

分業……複数の人員が役割を分担して商品の生産を行うこと。生産の効率化が図れる。

搾取の構造
4

「協業」が生み出す効果とは?

POINT
協業を組織できるのは一定の資本を持った資本家のみ

大勢の人が一緒に働くことで生まれる力

前項では分業による人間疎外が資本主義を準備したことを述べました。しかし、マルクスは単純に資本主義の批判だけをしていたわけではありません。**人の能力を最大限引き出せるものとして、「協業」を評価していました。**

「協業」とは、同じ商品の生産において同じ場所で複数の人間が携わることを指します。つまり、同じ場所で労働者が互いにアドバイスをしたり、計画を立てながら製造したりすることです。これは「分業」とはまた異なるものです。

マルクスは、大勢の人が一緒に働くことによって生産性(作業効率)が高まると言っています。例えば、同じ場所で12人が12時間(計144時間)働く方が、1人が144時間働くより、あるいは別々の場所で12人が12時間働くより、生産性は高まるでしょう。

1人で孤独に働くよりも、仲間と一緒に働いたほうが、競争心ややる気を刺激し、個人個人の能力が高まるためです。

結果として、**労働者の協業は、一人ひとりの力の総和を上回る「集団の力」のようなものをもたらします。**

マルクスは資本主義の矛盾を追究しました。資本主義がいかに非人間的な仕組みであるかも指摘しました。ただ、協業によって世の中が豊かになっていく良い面も論じていました。問題は協業自体にあるのではなく、これによって余分に出た利益が労働者に還元されないことにあったのです。

お答えしましょう！

多くの人が同じ場所で同じ商品の生産に従事することで、より多くの価値を生み出します。

■ 協業が個々人の潜在能力を引き出す？

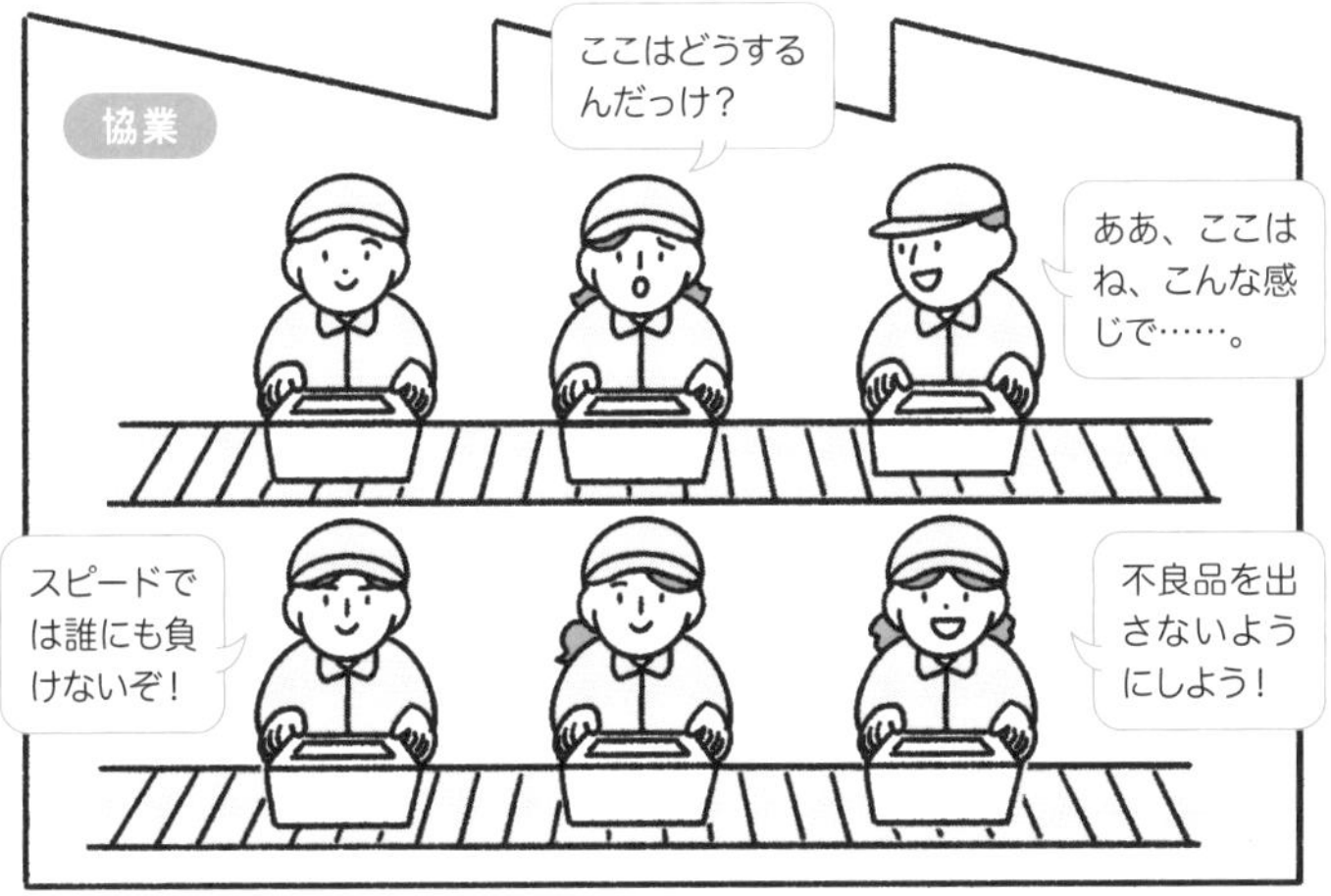

個々人がバラバラに働くよりも、協業するほうが集団の力（職場の仲間と切磋琢磨したりして、互いに刺激し合うことで生まれる大きな力）によって、より多くの価値を生み出す。

集団（社会）の中で他者と関係し合うことで、個々人の潜在能力が発揮される！

KEYWORD

協業……多くの人たちが計画的に協力し合いながら働く労働の形。

協業すれば労働者の給料も上がる？

POINT
個々の労働力が結合することで生まれる価値は資本家が独占する

お答えしましょう！

資本家は協業による剰余価値を独占するばかりで、労働者は何の見返りも得られません。

■ 協業により増えた価値は資本家が独占する

労働者戦隊プロレタリアート参上！
俺たち一人ひとりはたいしたことはないが、5人そろうとものすごいパワーを発揮する！

貴様らが生み出した集団の力による価値は、すべて私がいただく！
怪人シホンカー

協業の結果、増加した剰余価値はすべて資本家により独占されます。

協業による価値増加は労働者には無関係

前項で触れた通り、同じ生産過程で、多くの人が計画的に協力して労働する**協業によって生産性は飛躍的に向上**します。

こうして考えると、協業はいいことばかりのようですが、実は生産性が向上したことで得られる剰余価値は労働者に回ることなく、資本家が独占するという問題があるのです。

仮に協業せず、一人ずつ10人で行った成果が100とすると、協業によって得られる成果

■ 資本家は結合した労働力（集団の力）に対して対価は支払わない

協業することで、5人で15人分の成果を出したので、給与を上げろ！

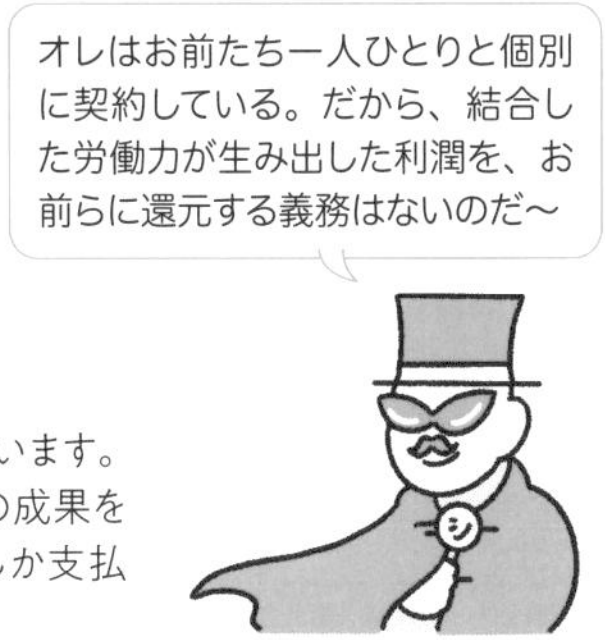
オレはお前たち一人ひとりと個別に契約している。だから、結合した労働力が生み出した利潤を、お前らに還元する義務はないのだ〜

資本家は労働者個人と労働契約を交わしています。だから、協業により1人当たり3倍（3人分）の成果を上げても、企業はあくまでも1人分の給与しか支払わなくても法的には問題ないのです。

は300になることもありえます。すると差額は200です。この200が労働者の賃金に反映されるかというと、そうはなりません。200分の剰余価値は、すべて資本家の懐《ふところ》に入ってきます。

企業は一人分の賃金しか払わない

これは労働者が企業に自分の労働力を売る際、企業が買うのは結合された労働力ではなく、個別の労働力だからです。協業によって一人当たり3倍（3人分）の成果を上げても、企業はあくまで時給や日給、月給として一人分（1倍）しか賃金を払わないのです。

資本家は労働時間を延長することで絶対的剰余価値を得たり、生産性をアップさせて相対的剰余価値を増やしたりできる上に、協業によっても剰余価値を追加的に得ることができるのです。

協業自体は人間だからこそできる素晴らしい労働のあり方だと思います。しかし、**そこから得られる利潤を資本家が独占**することは、資本主義が限界と言われる一つの理由でしょう。

協業することで、私たちの生活がより豊かになるような社会の実現を目指すべきなのです。

資本家が機械を導入するのは労働者の労働を助けるため？

資本家は労働者を楽にさせる気はない？

資本家が機械を導入するのは、労働者の労働を助けてあげるためではありません。

機械を導入しない場合の生産量と労働者にかける人件費。それと機械を導入した場合の生産量と長期的なコストを比べ、後者の方がよりコストを削減でき、生産量も労働者が行う以上に多いと判断したときのみ、機械を導入します。

具体例としては、外食店でのタッチパネルでの注文方式が挙げられます。一定以上の大型店舗で導入されることの多いこのシステムでは、店の従業員がオーダーを取りにいく必要はありません。その分、人件費を減らせます。

しかし、客が数人入ればいっぱいになるような小さな店で、タッチパネルを導入するのは不経済です。少ないお客に対し、1人の従業員が対応する方が割安になるからです。

このように機械の導入の決定は、決して従業員を楽させるためのものではないことがわかります。

またマルクスの時代は、女性や子どもを低賃金で長時間働かせる方がコストを削減できるという理由で機械を導入しないこともありました。**資本家にとっては、いかに剰余価値を得られるかがすべて**だったのです。

現代でも、機械やロボットが行った方がよいような危険な仕事がありますが、人間に行わせるケースが見られます。これは機械を導入してもペイできないからであり、人命より利益を重んじている証拠です。

POINT

機械の導入コストと人件費を資本家は天秤にかけている

お答えしましょう！

いいえ。人間が働いた場合よりコストが削減でき、より多くの利益をもたらすことができるからです。

■ 機械を導入するかどうかはコストの問題

外食店がタッチパネルでの注文方式を導入するケース

大型ファミレスチェーン店

何にしようかな？
タッチパネルの導入コストの方が、人件費よりも長期的に安く済むからね。タッチパネルの導入以前はフロア係が３～4人は必要だったし……。
経営者
これにするわ。ポチッとな。

外食店がタッチパネルでの注文方式を導入しないケース

個人経営店

お決まりですか？
ここに書いてあるハンバーグセットをください。飲み物はアイスコーヒーで。
うちみたいな小さな店では、タッチパネルの導入コストよりも人件費の方が安くすむからね。
オーナーシェフ
MENU
店員

機械を導入するかどうかは、あくまでもコストと利益の問題です。資本家が労働者のことを配慮して決めているわけではありません。

人間が機械の奴隷になるってどういうこと？

お答えしましょう！

機械化により労働密度は上がって、より過酷な労働を強いられることになります。

■ 機械化のせいで労働密度が上がると、労働環境は過酷になる

POINT

資本家は労働者を限られた時間内にめいっぱい働かせようとする

機械は人間を幸せにする？

機械は不眠不休で1日24時間、毎日働くことができる一方で、人間には肉体的限界があるので標準労働日（法律などで定められた1日の労働時間／P65参照）以上に働かせることはできません。すると、資本家は労働者を限られた時間内にめいっぱい働かせます。つまり、**労働密度を上げようとする**のです。

例えば、チャップリンの映画『モダン・タイムス』（1936年）内で、チャップリンはベルトコ

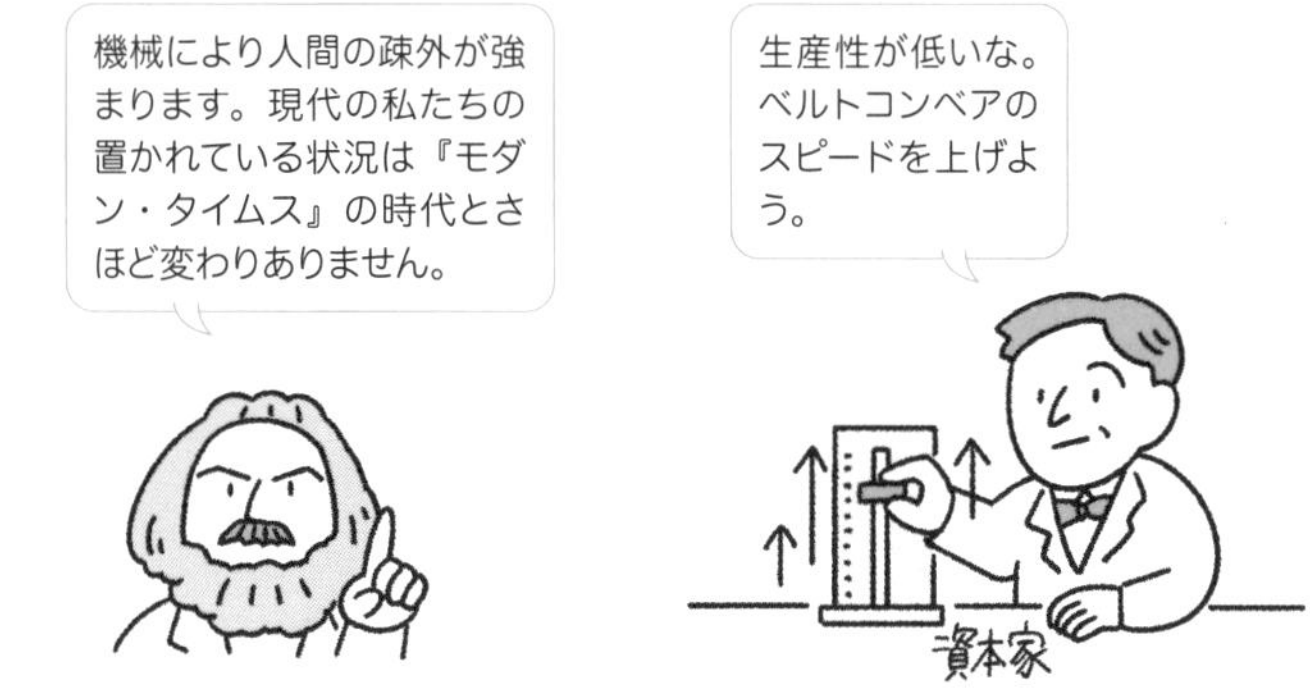
機械により人間の疎外が強まります。現代の私たちの置かれている状況は『モダン・タイムス』の時代とさほど変わりありません。
生産性が低いな。ベルトコンベアのスピードを上げよう。
資本家

変になっちゃったよ〜
わーーーーっ！
大丈夫？

ンベアで運ばれる部品を組み立てます。ここで生産性が低いと判断した管理者が、ベルトコンベアのスピードを上げます。すると、チャップリンはパニックに陥ります。

これは人間が機械に従属することにより引き起こされる疎外という現象を、シンボリックに表現した有名なシーンです。

KEYWORD

労働密度……単位労働時間内の生産量のこと。労働の密度が上がると、労働時間は短くなってもストレスが増えます。

機械の普及が女性や子どもからの搾取を生む？

お答えしましょう！

機械化により、女性や子どもの労働力も資本家の搾取の対象になったのです。

■女性や子どもも資本家の搾取の対象に

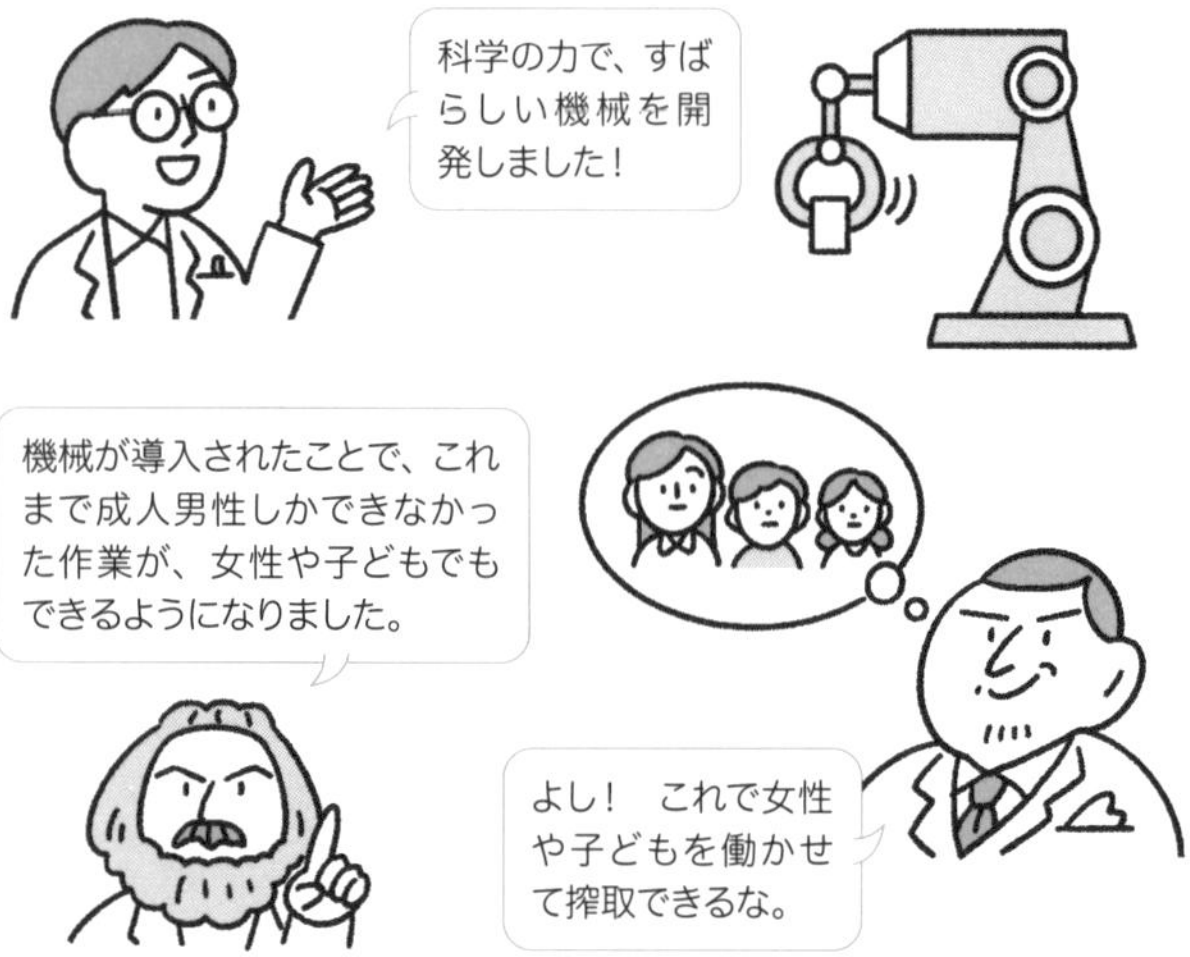
科学の力で、すばらしい機械を開発しました！
機械が導入されたことで、これまで成人男性しかできなかった作業が、女性や子どもでもできるようになりました。
よし！　これで女性や子どもを働かせて搾取できるな。

機械の導入で女性や子どもも労働者に

商品の生産過程で機械が導入され、それがどんどん普及していくと、成人男性の持つ筋力や体力といった能力は商品生産に不可欠な要素ではなくなります。つまり、女性や子どもであっても成人男性と同様に働き、効率的に商品を生み出すことが可能になるのです。

このことは**資本主義システムの中に、女性や子どもが取り込まれてしまい、搾取の対象となってしまう**ことを意味します。

POINT

機械化によって成人男性のみによる労働の時代は終わった

■ 妻や子どもの労働力も資本家に売り渡す！

給与が下がって、オレの稼ぎだけではお前たちを養えない。すまないが、お前たちも働いてくれないか？
しかたないわね。
君たちを歓迎するよ〜
しめしめ。またしても安い労働力が手に入ったぞ！

それだけではなく、労働人口が増えることによって、成人男性の労働に対する賃金も相対的に下がっていきます。この賃金の低下により、成人男性の賃金だけでは家族を養うことができなくなってしまいます。そして、その不足分を補うために、この男性の妻や子どもも労働せざるを得なくなるのです。

労働者は妻子を売り、奴隷商人となる

こうした労働状況をマルクスは、「いまや資本は、未成年者または半成年者を買う。（中略）いままでは彼（＝労働者）は妻子を売る。彼は奴隷商人となる」と言い表しています。

このような状況は、労働者の立場システムにおいて労働者の立場や生活をますます苦しめる要因となっています。労働者はそう望まなくとも、資本家の利潤獲得のために、自分の労働力だけではなく、**妻や子どもの労働力も差し出さなければならなくなっている**からです。

KEYWORD
子どもの労働……工場が機械化されることで年少者が労働力として駆り出され、それによって生じた労働状況。

AIによって労働者は自由を手にできる？

POINT
AIが行える仕事が増えると、解雇される労働者が増える

機械に支配・管理されるディストピア

AI（人工知能）は、人間の直面する単純労働や苦役から解放し、バラ色の未来を築くというのは本当でしょうか。

マルクスの時代、産業革命によって科学技術が急激に進歩し、労働環境も大幅に変化しました。ところが、労働者は楽になるどころか、分業化によっていっそう機械に酷使される疎外の状況が作り出されました。それまで職人が構想（精神的労働）と実行（肉体的労働）を一人で行っていたのが、実行だけの単純労働だけを行う労働者になってしまったのです。AIの導入は、これと同じ歴史をたどる恐れがあります。

例えば、コロナ禍のなか急激に業績を伸ばしたフードデリバリーの配達員。彼らは自由な働き方ができる「ギグワーカー※」として注目されましたが、その実態は、配達員がAIの出す命令に従って、何も考えず孤独に料理を運ぶだけの仕事といえます。このように、**AIの発達は、単純労働者として機械に使われる人をいっそう増やすだけの可能性がある**のです。

また、AIが行える仕事が増えた分、解雇される労働者も増えていきます。オックスフォード大学などの調査結果によると、AIの発達によって、今後10～20年の間で約半数の仕事が消える可能性があるそうです。

AIを管理・コントロールする側にいる一部の人間によって世界が支配され、大多数の人間が職を失い困窮化する世界。そんなSF的ディストピアが訪れる可能性が迫っているのです。

※特定の企業に属さないで、インターネット上のプラットフォームサービスを介して単発の仕事を請け負うフリーランスの労働者。

お答えしましょう!

労働者がAIによって自由になるというのは考えにくいです。科学の進歩による新たな疎外が生まれる可能性があります。

■ AIの発達は新たな「疎外」を生む?

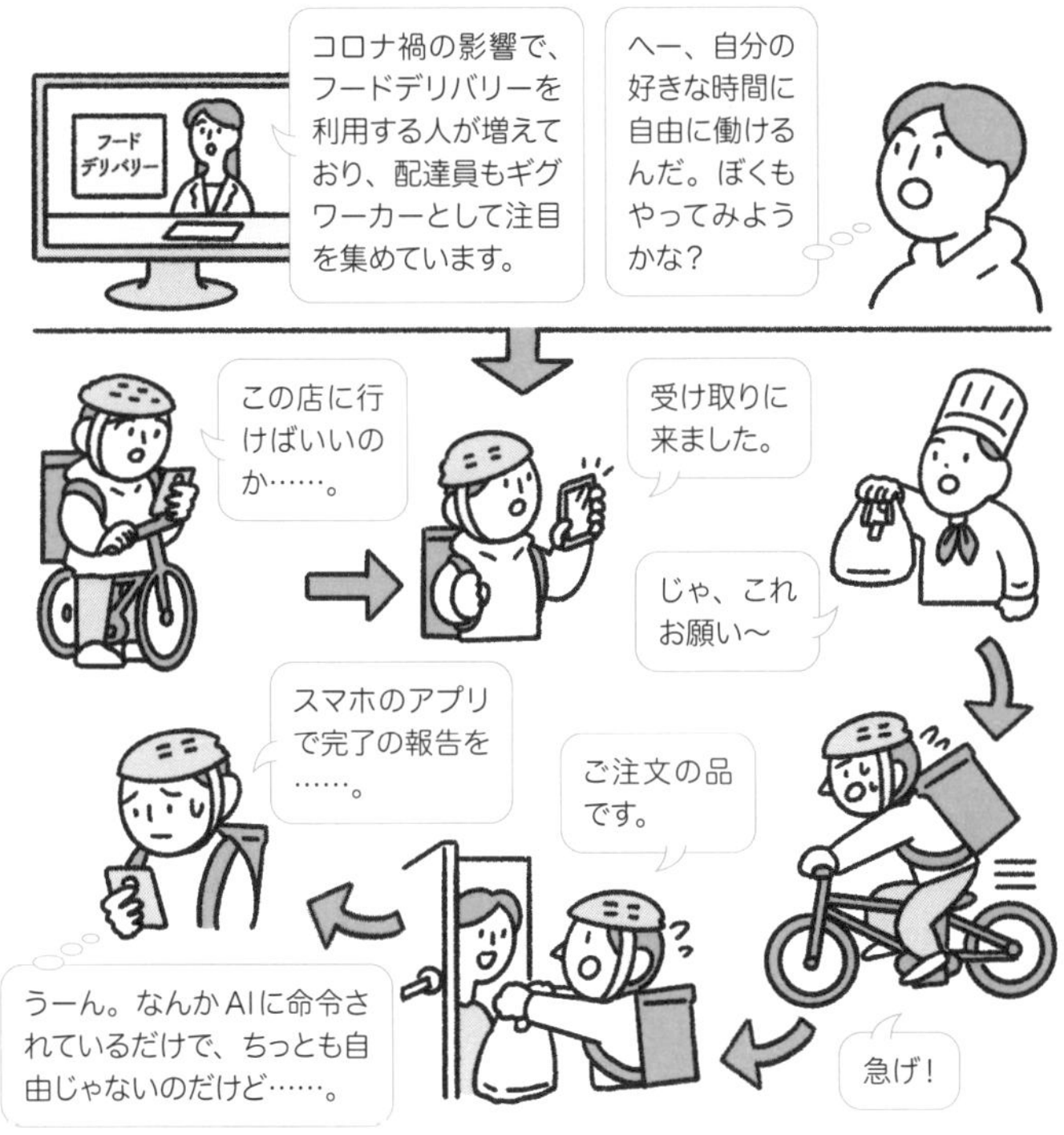
フード
デリバリー
コロナ禍の影響で、フードデリバリーを利用する人が増えており、配達員もギグワーカーとして注目を集めています。

へー、自分の好きな時間に自由に働けるんだ。ぼくもやってみようかな?

この店に行けばいいのか……。

受け取りに来ました。

じゃ、これお願い〜

急げ!

ご注文の品です。

スマホのアプリで完了の報告を……。

うーん。なんかAIに命令されているだけで、ちっとも自由じゃないのだけど……。

KEYWORD

AI…… 人工知能。企業で労働者の代わりとしての導入が進んでいる。正確性とスピードは人間を超えている一方で、人間にしかできない仕事も存在する。

搾取の構造
10

機械に仕事を奪われた労働者の末路は？

お答えしましょう！

職を失い路頭に迷います。単純労働者だけでなく、頭脳労働者も安穏としていられません。

■ 資本の有機的構成の高度化とは？

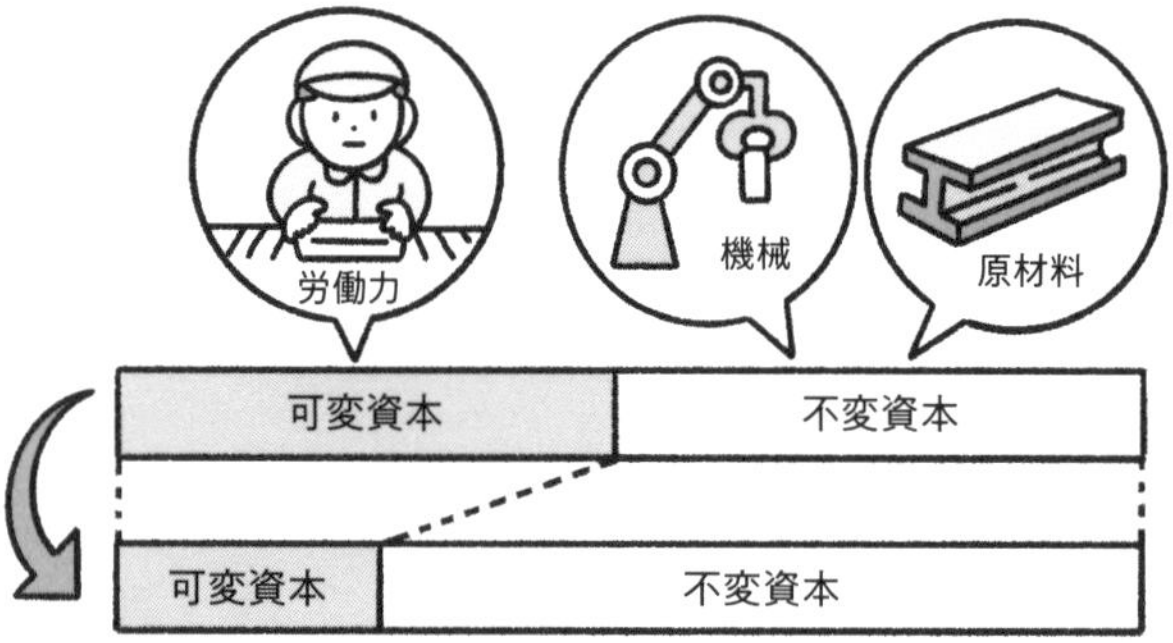

労働力
機械
原材料
可変資本
不変資本
可変資本
不変資本

機械化が進めば、全資本のうち可変資本の割合が減って、不変資本の割合が増えます。これを「資本の有機的構成の高度化」といいます。

機械化の行きつく先は？

マルクスは資本の構成要素を2つに分けました。1つは労働力購入に投じられて価値を増殖させる可変資本、もう1つは機械や原材料などに投じられて価値が変わることのない不変資本です。資本家は前者からは労働時間の延長による絶対的剰余価値、または生産性のアップなどによる相対的剰余価値を得ようとします。

機械化が進めば、やがて労働者は不要になっていきます。す

POINT
資本主義が発展していくと可変資本（労働力）が減っていく

■ 機械の進歩は労働者から仕事を奪う？

機械の進歩
外食店の
タッチパネル
産業用ロボット
AI
セルフレジ
失業者の増大

ると、全資本のうち可変資本の割合が減り、不変資本の割合が増えますが、マルクスはこのことを「**資本の有機的構成の高度化**」と言いました。

そして、これに危機感を持った19世紀初頭の労働者は機械を打ち壊すというラッダイト運動を起こしましたが、すぐに鎮圧されました。

医師や弁護士も職を失う？

現代でも94ページで紹介した外食店のタッチパネルに限らず、工場のロボット化、鉄道の自動改札機、スーパーなどのセルフレジ、銀行のＡＴＭ……等々、機械化により人件費が削られる例が見られます。

このように機械の進歩は労働者から職を奪います。それは何も単純労働だけに限定されません。ＡＩの進歩によって、医師や弁護士、教師などの頭脳労働者の仕事も部分的に機械に取って代わられると予想されています。**資本主義の高度な発展は、労働者の余剰を生み出す**のです。

KEYWORD
ラッダイト運動……産業革命期にイギリスで起こった熟練工による機械破壊運動。

つまり、機械が「悪い」と考えてよい？

お答えしましょう！

いいえ。機械に罪があるわけではなく、問題はそれを運用する資本家です。

■ 機械化による利点

機械化によって、重い荷物を人間が持ち運ぶ必要がなくなり、また建設現場などでの危険な作業も減りました。機械化は労働環境を改善し、人間を苦役から解放するという一面を確かに持っています。

使い方次第で機械は有用

ここまで機械の進歩によって、労働者が苦しめられる状況を論じてきました。では、機械は悪いものなのでしょうか。確かに、機械によって労働者が働く機会を失う状況が生み出されました。しかし、それは資本家が利益を求めるためにそうなっただけであって、機械自体はむしろ労働者の仕事を楽にしているのです。

機械によって多くの作業は効率的になりました。重い荷物を

POINT

機械そのものは善にも悪にもなりえる

■機械化の恩恵を享受するのは主に資本家

機械化によって、早く家に帰れるようになると思っていたのに……。
労働者
資本家
機械化のおかげで余った時間を労働者の自由にさせておくわけにはいかない。1日の労働時間内は、私の利益のためにめいっぱい働いてもらう。

持ち運ぶ必要が少なくなり、危険労働も減り、労働者の負担は確実に減りました。加えて、機械は人間が行うより速く精密に作業を行うことができます。このように**機械は使い方次第で、人間にとって極めて有用なものになる**のです。

資本家は剰余価値を追求し続ける

ところが、資本家によって資本主義的な技術利用が行われた結果、機械は労働者を困らせるものになりました。確かに、機械作業によって短時間で必要な労働が成し遂げられるようになりました。しかし、余った時間は、労働者の休養に使われるのではなく、労働者はさらにその時間分、利益を生むために働かなければなりませんでした。そして機械と人は比較され、機械以上に働けない労働者は解雇されました。これは機械化がもたらす剰余価値を、資本家が徹底的に追求した結果です。

機械そのものは、善にも悪にもなりえます。どちらになるかは、それを利用する人間のあり方次第です。

機械が人間の生活をより豊かにするためには、科学技術の進歩による労働疎外（P72参照）を乗り越える必要があるでしょう。

12

エッセンシャルワーカーが低賃金・長時間労働なのはなぜ？

重要な仕事ほど待遇が悪いという矛盾

新型コロナの流行で、エッセンシャルワーカーの存在が注目されました。患者に合わせた細やかな対応を必要とするこうした仕事は、社会に必要不可欠なものです。ところが、この仕事の多くは、低賃金で長時間労働を余儀なくされています。

一方でマーケティングや広告、コンサルティングなどの高給を得られる仕事は一見重要そうですが、実は社会の再生産にはほとんど役に立っていません。こうした仕事はブルシットジョブ（どうでもいい仕事）とも言われます。ブルシットジョブに携わっている人は、内心では自分の仕事を無意味に感じていたり、本人たちもムダだと思っている会議を繰り返しては自己満足に浸っているとされています。

一方、エッセンシャルワークは目の前で苦しむ人を救う重要な仕事なのに、低賃金で過酷な労働条件にあります。これはP72で触れたように、労働が分業化により構想と実行に分離されたことが一因になっています。職業選択する時点での学歴などにも左右されますが、**構想の仕事は高給与になり、実行する仕事は低給与になる構造**が生まれています。これも疎外の1つの姿と言えます。

ブルシットジョブを行う人が快適な部屋でムダに時間を費やす一方、エッセンシャルワーカーは時に過酷な労働環境でも働きます。それでも、エッセンシャルワーカーの多くは辞めずに仕事を続けます。現場で人に感謝されるなど、仕事にやりがいがあるからです。ところが、

POINT

分業化によって、重要なのに低賃金の仕事が生まれた

お答えしましょう！

労働が分業化により構想と実行に分離されたせいです。実行する仕事は低給与になるという構造が生まれています。

■ ブルシットジョブとエッセンシャルワークの格差

ブルシットジョブ　＝高収入

新製品のマーケティング戦略ですが……。
こんな仕事は無意味かも……。

ブルシットジョブは実は社会の再生産にほとんど役立っていません。構想（精神的労働）のみで実行（肉体的労働）を伴わないこうした仕事が高収入なのが、現代の資本主義のいびつな構造なのです。

エッセンシャルワーク　＝低収入

お給料は少ないけど、やりがいはあるわ。

エッセンシャルワーカーは、低賃金、長時間労働と不当に劣悪な労働環境におかれています。これは多くのエッセンシャルワーカーが構想を奪われ、実行のみの仕事に従事させられているからです。

このやりがいを利用して、資本家は賃金を低く抑えています。これは、搾取と言えます。

社会を正しく機能させるためには、**エッセンシャルワーカーの労働条件を高める必要があります。**それは構想と実行の分離を乗り越え、労働における自律性を取り戻すことになるのです。

KEYWORD

エッセンシャルワーカー……社会の存続をさせるために必要不可欠な仕事（エッセンシャルワーク）を行う人。介護職や医療従事者など。

「やりがい搾取」が横行する理由とは？

お答えしましょう！

「やりがい」をいいことに、労働者が実質的に資本の論理に取り込まれているからです。

■ 資本家は労働者の「やりがい」を巧みに利用する

労働者のやりがいを上手に搾取することで、我々資本家はますます肥え太っていくのです。
アニメーター
資本家
もう１カ月も家に帰ってないけど……。でも、この仕事は夢があるし、やりがいもあるから、どんなにキツくても頑張れる……。

仕事にやりがいを感じているのをいいことに、低賃金・長時間労働を労働者に強いて人件費を削減し、不当に利益を得ている経営者が少なからず存在します。

POINT

実質的包摂とは自ら進んで資本の増殖に加担すること

現代にはびこるやりがい搾取

「やりがい搾取」という言葉があります。労働者のやりがいを利用して、雇用主が不当な長時間・低賃金の業務を強いて、利益を搾取する行為です。

これはアニメやゲーム業界のように、夢や趣味の延長線上にある業界で見受けられるほか、福祉・介護、飲食業、保育や教育など、多方面に見られます。どれも、やりがいをいいことに低賃金で働かせられています。

マルクスはこうした21世紀の現

■ 形式的包摂から実質的包摂へ

形式的包摂
私のところで少し働いてみないか？
別に構いませんが、働き方は自分の自由にさせてもらいます。
資本家
労働者
実質的包摂
会社のためにがんばるぞ！
今月の売上目標を達成するぞ！
しめしめ…
労働者
資本家

状も予言していました。

形式的包摂と実質的包摂

マルクスは、**労働者が徐々に資本に取り込まれていく過程を包摂《ほうせつ》**と呼びました。包摂は、形式的包摂と実質的包摂の2段階に分けて論じられます。前者は自分の意志によって好きな時間に労働を行い、収入を得ることができます。

しかし、資本に取り込まれることによって、実質的包摂に移行します。実質的包摂とは働き方をすべて資本家が決め、時間も管理され、ただ資本家や現場監督の指示通りに作業を行うものです。

形式的包摂の状態では、労働者は資本家の指示に消極的に従っているだけでしたが、やがて労働者は資本家と協力して、資本の増殖に自ら積極的に加担していきます（上のイラスト参照）。

この状態が実質的包摂であり、**やりがい搾取はこうした資本家にとって都合のいい労働者の心のあり方をうまく利用したもの**といえるでしょう。

KEYWORD
包摂……労働者が資本の論理に取り込まれる過程。

お答えしましょう！

資本家は、労働力の再生産費以上の賃金を支払わないためです。

■ 業績や成果によって給与が決まるわけではない？

営業で
駆け回る
大きな契約を
取ってくる
この１年、毎日残業して
必死に成果を出してきた！
昇給は確実だ！　倍増するかも……。
なんか思っていたよりも
増えてない……。
給与

労働者の給与を決めるのは成果や業績ではありません。P36で触れたように、衣食住にかかる費用、つまり、食費やゆっくり睡眠を取るための家など、明日も労働者が元気に働き続きるための費用（=再生産費）分が、労働者の給与になるのです。

成果と報酬が必ずしも結びつかない理由

資本主義社会が存続し企業も儲かっているはずなのに、労働者の給与が増えないことが近年指摘されています。この理由は大きく分けて2つあります。

1つは**資本家が労働者に支払う賃金は、マルクスが指摘したように、労働力の再生産費分だけでいい**からです。基本的に必要労働時間を越えた剰余労働が生み出す剰余価値は資本家のものになりますので、いくら個々人の労働者が残業をして必死に

POINT
剰余労働で得られた利潤はすべて資本家のものになる

■グローバル化で労働者は困窮する

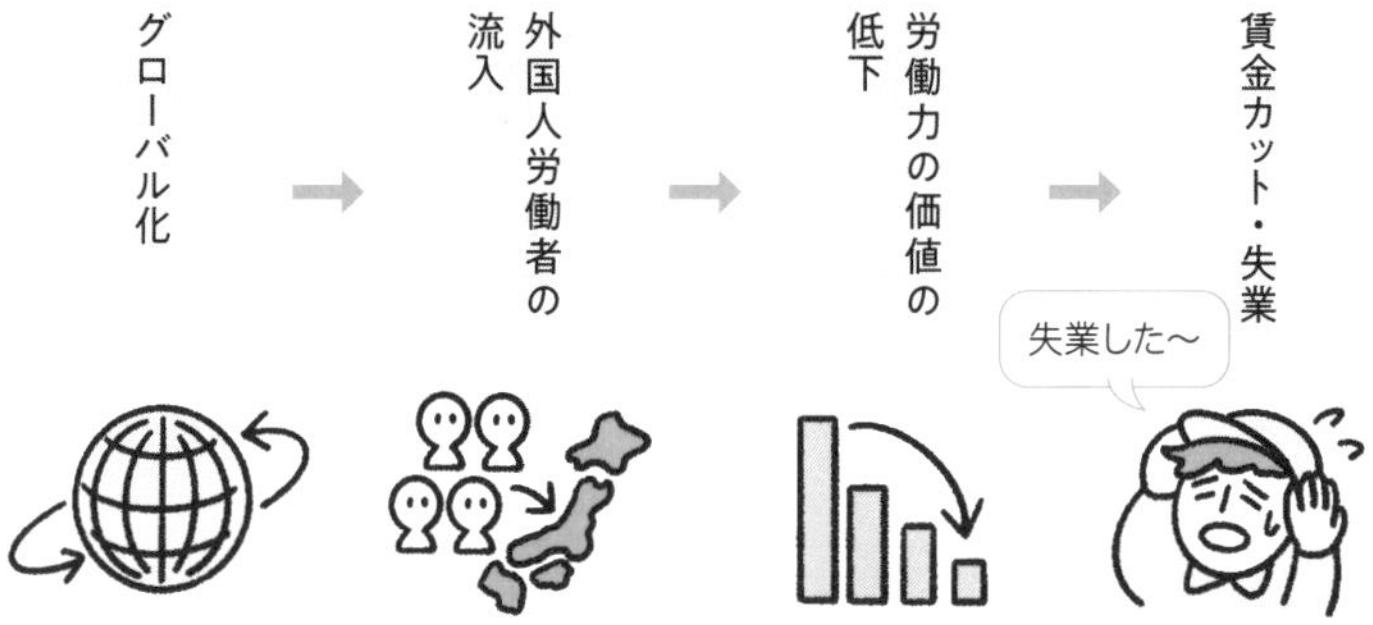
グローバル化
外国人労働者の流入
労働力の価値の低下
賃金カット・失業
失業した〜

成果を出しても、それがそのまま報酬に反映されることはまずありません。

もちろん、企業によっては賞与などの形で労働者に成果報酬が支払われることがありますが、資本家が搾取している利益に比べればほんのわずかです。例えば、Ａｍａｚｏｎの社長の年収は、社員の約６４００倍とも言われています。

グローバル化で労働者は貧しくなる

また、グローバリズムが世界中で広まりました。これが２つめの理由です。

日本より経済力の低い、アジアなどの国々の人が来日し、あるいは現地の日本工場で働きます。物価の安い彼らは、低賃金でも喜んで仕事をします。すると資本家は彼らを優遇し、日本人労働者の賃金水準は低下します。そして、これに不満を言う日本人労働者は解雇されます。

こうして**労働者の賃金は上がらず、低賃金に甘んじる労働者が増えてしまう**のです。

KEYWORD
外国人労働者……自国ではなく国境を越えて他国で就労する労働者のこと。

相対的剰余価値……………84ページ
労働時間の総数が変わらない場合に、生産手段の改良などによって必要労働時間が減ることで生まれる剰余労働時間が生み出す剰余価値。相対的剰余価値が増えれば、資本家が搾取する剰余価値も増加する。

特別剰余価値……………86ページ
他の資本家に先駆けた技術や制度の導入によって得られる付加価値。資本家の利益を増加させる一方で、労働者の仕事を奪い取るリスクもあり、必ずしも社会全体にプラスに作用するものではない。

労働密度……………96ページ
労働者が一定の時間内に行う仕事量。労働密度の向上は労働者の利益にはまったくならずに、資本家による搾取を増加させていくという問題点をはらんでいる。

ディストピア……………100ページ
ユートピアの対義語。資本主義世界は弱者にとっては理想的な世界ではなく、搾取され続ける、まさにディストピアの側面を持つ。この状況を打ち破る必要性をマルクスは強く主張し続けた。

ブルシットジョブ……………106ページ
取るに足らない、意味がなく、不必要に思われる仕事。デヴィッド・グレーバーは、新自由主義の世界的な拡大によって、ブルシットジョブが蔓延している現状を激しく批判している。

エッセンシャルワーカー……106ページ
われわれの生活の根本を支えるための仕事。デジタル化やコロナ問題によって、医療従事者、運輸業者、教育者といったエッセンシャルワーカーの重要性が叫ばれるようになっている。

やりがい搾取……………108ページ
サービス残業の常套手段として大きな問題となっている労働者の働かせ方。労働の対価としての正当な賃金が払われないケースが多発する日本の現状は、まさに資本主義の悪い面が深刻化していることを示している。

形式的包摂……………109ページ
資本の論理に自律性を残したまま消極的に取り込まれること。

実質的包摂……………109ページ
資本の論理に自ら進んで積極的に取り込まれること。

グローバリズム……………111ページ
地球を一つの共同体として一体化させようとする考え。グローバリズムは資本主義における新自由主義の拡大という問題も起こしている。この側面から見ると、グローバリズムは支配体制の強化として機能していると言える。

第 4 章

資本は自然からも「搾取」する

資本主義社会は人間だけでなく、自然からも搾取します。無限に価値増殖を続ける資本は地球上の有限な資源を枯渇化させ、化石燃料の利用は危機的な気候変動を引き起こしています。本章ではマルクスとエコロジーの関係を考察します。

マルクスと
エコロジー
1

マルクスは人間の労働と自然との関係をどのようにとらえていた？

POINT
人は自然の一部として物質代謝を営まざるをえない

人は生きるために常に自然に働きかけてきた

マルクスと自然、あるいはエコロジーというと、意外な組み合わせに思うかもしれません。マルクスといえば生産力至上主義者というイメージがどうしてもあるからです。しかし、近年は『人新世《ひとしんせい》の「資本論」』（集英社）の斎藤幸平氏のように、マルクスと環境問題を結びつけて論じる人たちが増えています。

実際、マルクスは『資本論』に「労働はまず第一に、人間と自然とのあいだの一過程である。すなわち、人間がその自然との物質代謝※を、彼自身の行為によって媒介し、規制し、調整する過程である。（中略）彼は、自然素材を、彼自身の生活のために使用しうる形態において獲得するために、彼の身体の持っている自然力、すなわち腕や脚、頭や手を動かす」と記しています。

つまり、**人はたえず自然に働きかけ、自然を利用することで生きていく上で必要な物を生産しながら生を営んでおり（例えば、家を建てるには森林で木を伐採しなければなりません）、そうした自然を「規制し、調整」する行為こそが労働と考え、これによる消費や廃棄といった一連の循環的過程を物質代謝と呼んだ**のです。

ところが、産業革命以降、人間と自然との物質代謝に歪みが生じています。自然に還らないプラスチックなどのゴミを大量に出し続け、化石燃料を大量に消費し続けたせいで危機的な気候変動を引き起こしています。

私たちは、こうした問題に真剣に向かい合わなければいけない時代に直面しているのです。

※思想家・哲学者の柄谷行人氏は『力と交換様式』（岩波書店）において、「人間と自然との物質代謝」を「交通」に言い換えて説明している。

お答えしましょう!

人が自然に働きかけ、自然を規制・制御することが労働だと考えていました。

■ 人間と自然との物質代謝

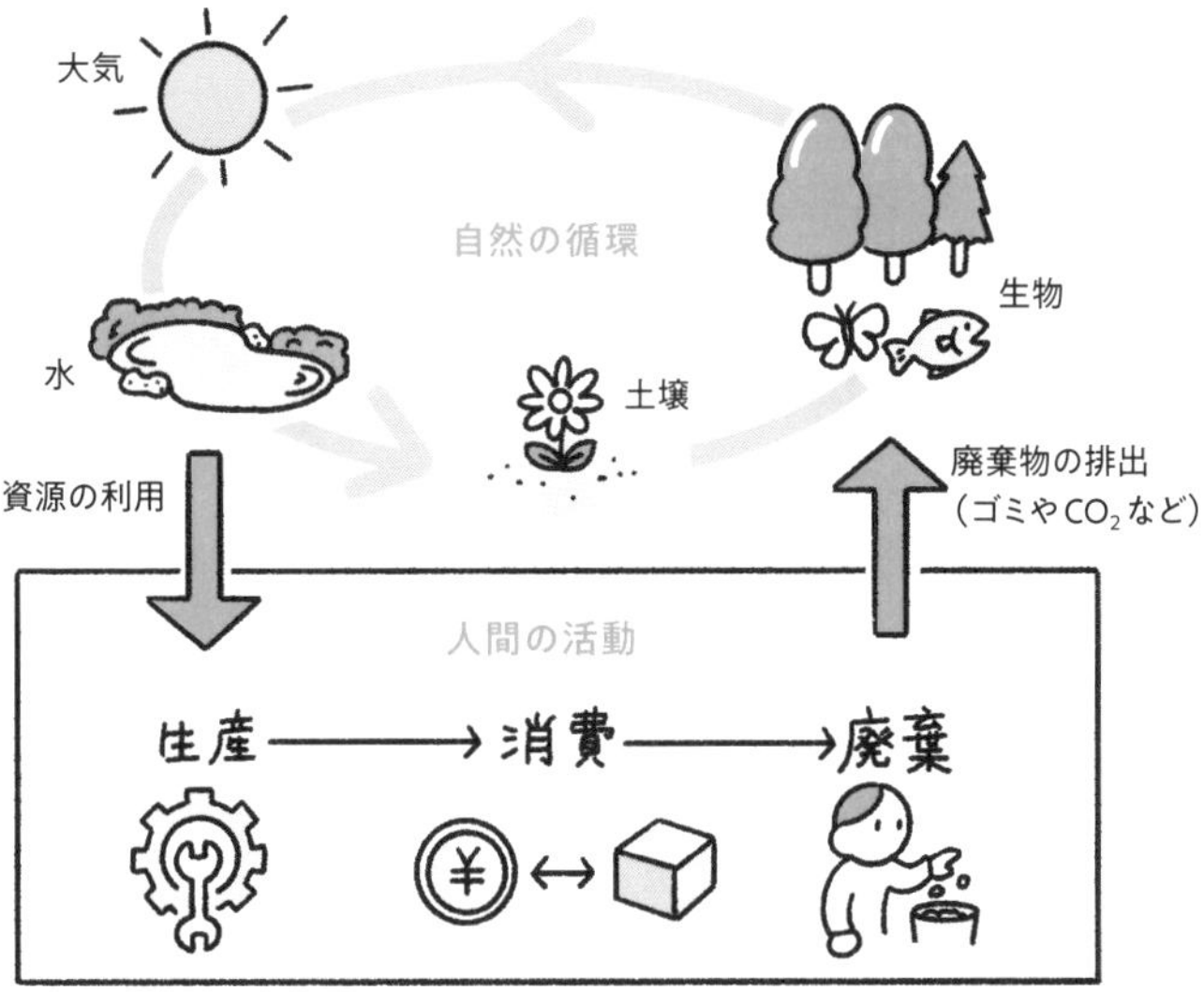
大気
自然の循環
生物
水
土壌
資源の利用
廃棄物の排出
（ゴミやCO_2など）
人間の活動
生産→消費→廃棄
¥

人間は自然に働きかけ、自然の資源を利用することで、生きていく上で必要な様々な物を生産しながら生を営んでいます。マルクスはこうした行為こそが「労働」であると考え、これによる「生産→消費→廃棄」といった一連の循環的過程を物質代謝と呼んだのです。

KEYWORD

物質代謝…… 人間が絶えず自然に働きかけ、様々なものを生産・消費・廃棄しながら地球上で生を営む、自然との循環的相互作用。

資本主義は自然にどのような影響を与えた？

お答えしましょう！

価値の増殖を無限に求めるあまり、自然を修復不能なまでに破壊しました。

■ 人間と自然から搾取する資本

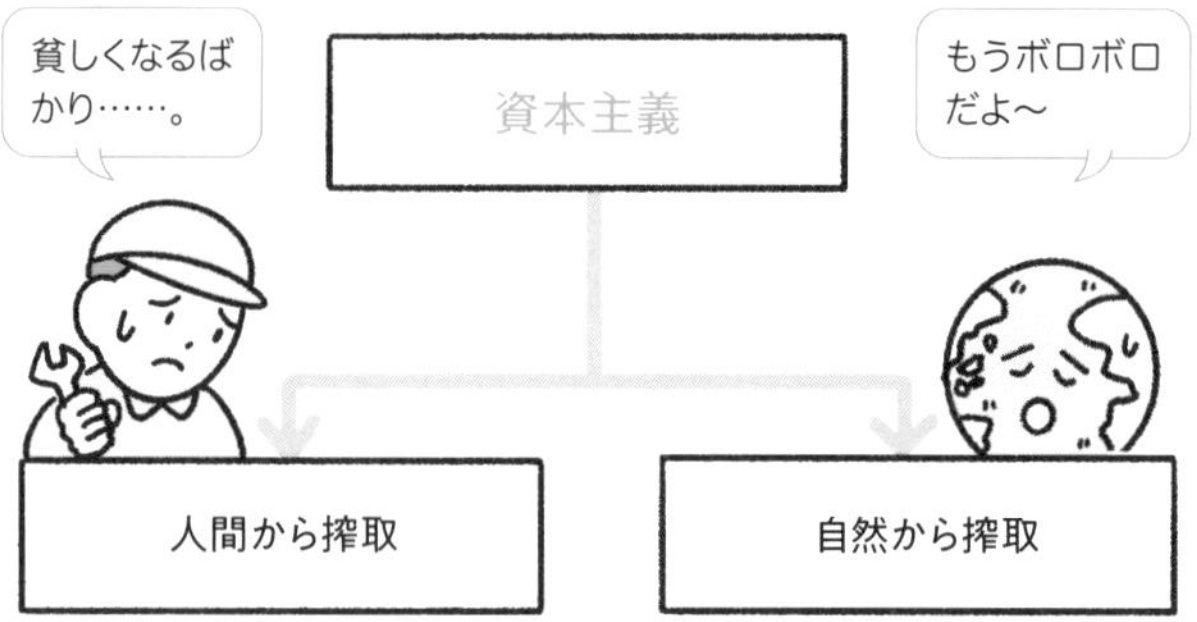
資本主義
貧しくなるばかり……。
もうボロボロだよ〜
人間から搾取
自然から搾取

資本の論理は労働者を徹底的に搾取して疎外しますが、自然に対しても無理な形で利用してその資源を掠奪します。

POINT
資本は短期間に利益を求めようとするが、それは自然の営みに反する

資本主義は人間だけでなく自然からも掠奪する

際限のない価値増殖を目的とする資本の論理が、いかに人間を苦しめ疎外してきたかに関しては、すでに何度も述べてきました。

そして、それは自然とて例外ではありません。資本は短期間に利益を求めようとするあまり**自然を無理な形で利用し、その結果、自然は回復不能なまでに破壊されます。**

この点に関して、マルクスは「（資本主義的生産は）人間と土地

■資本主義化された農業は環境を破壊する

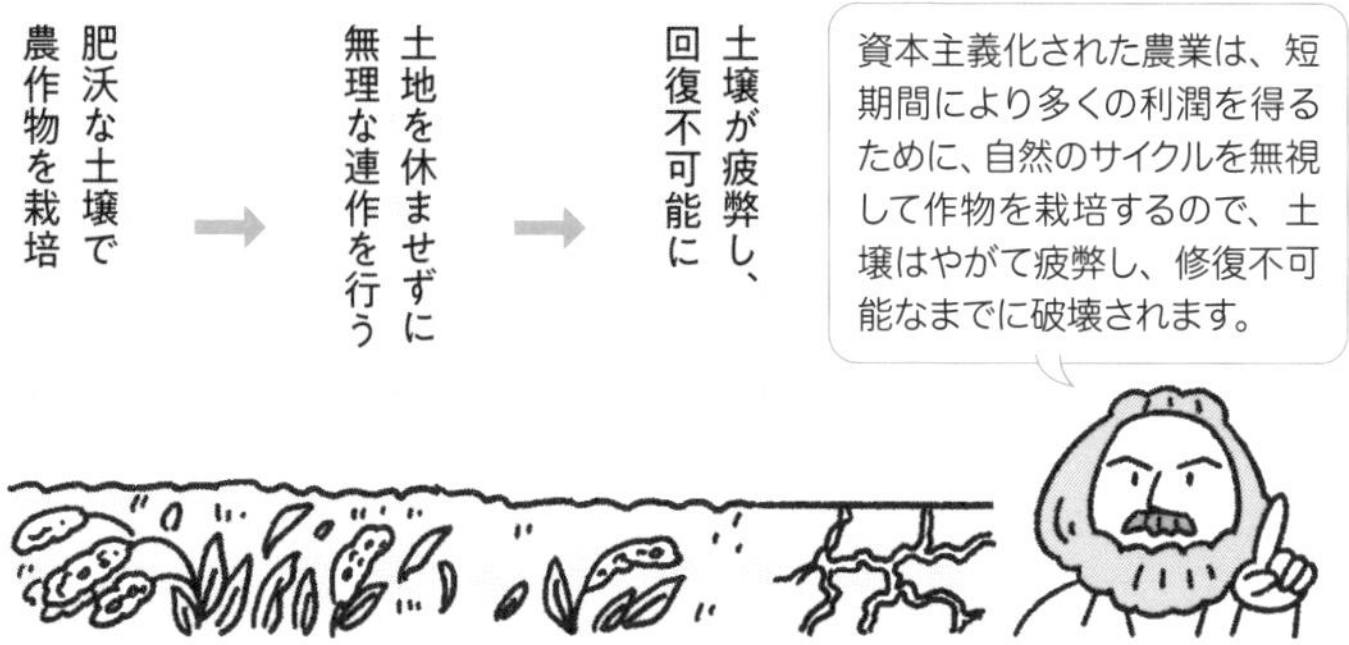
肥沃な土壌で農作物を栽培
土地を休ませずに無理な連作を行う
土壌が疲弊し、回復不可能に
資本主義化された農業は、短期間により多くの利潤を得るために、自然のサイクルを無視して作物を栽培するので、土壌はやがて疲弊し、修復不可能なまでに破壊されます。

との間の代謝を、すなわち人間が食料と衣料の形態で消費する土壌成分の土地への復帰を、（中略）攪乱《かくらん》する」と記しています。

経済優先による攪乱が自然環境を崩壊させる

これは、資本による農業生産において、より大きな利潤を得るために無理な連作が行われた結果、土壌が疲弊し、人間と自然との物質代謝が攪乱されることを指します。この攪乱は様々な形で現れます。自然資源が枯渇し、生態系も壊れてしまいます。

物質代謝は本来、資本から独立した存在です。しかし、資本の都合により、どんどん変容します。**最終的には、資本の無限の増殖的運動と自然のサイクルは相容れない**状態になります。それでも人が支配する資本は、自然をねじ曲げて支配します。

詳しくは次項で説明しますが、こうして自然環境の崩壊が始まるのです。

KEYWORD

攪乱……かき乱すこと。混乱が起きるようにすること。特に自然を攪乱することで、生態系や生物相に人為的影響を及ぼすこと。

資本の論理と自然の営みが相容れないのはどうしてですか？

POINT

人間と自然の物質代謝の亀裂は、気候変動など環境破壊として現れる

資本による自然からの掠奪が破綻を引き起こす

常に価値の増殖を求めないではいられない資本主義では、作れるだけ商品を作り、そのツケが自然破壊として現れます。

前項ではマルクスが19世紀の土壌疲弊の問題を論じた文章を紹介しましたが、現代では化石燃料やレアメタルの採掘、森林伐採など、自然からの掠奪などが論じられています。

誰もが使うスマホもその部品を構成するレアメタルの採掘のため、途上国の労働者は奴隷のような待遇で採掘をし、同時に有限である天然資源の掠奪が続けられているのです。

マルクスは『資本論』において、19世紀の都市と農村の対立を述べる際、都市が農村の自然を掠奪している点を指摘しましたが、現代のグローバルな時代においては、先進国が途上国の自然を掠奪し、そのツケを途上国に負わせています。つまり、環境への負荷を外部に押し付けているのです（外部化）。

資本主義は自然を商品化していきます。グローバルな時代、その流れは国境を越え世界中に波及します。共産主義圏の崩壊により、地球全体レベルで自然について後先考えない商品化が進んだのです。

資本主義は価値の増殖を無限に求めますが、地球は有限です。いくら資本がコストを外部化して削減しようとも、有限である限り、どこかで破綻が来るのは間違いありません。実際、近年の異常気象はとどまるところを知りません。最高気温の更新を続ける酷暑、集中豪雨、寒波などがそれに当たります。

お答えしましょう!

資本主義は価値の増殖を無限に求めますが、地球の自然資源は有限だからです。

■ 資本の論理は地球環境に壊滅的なダメージを与える

資本の論理

＝

自然を利用して商品を作り、価値の増殖を無限にめざす。

矛盾

地球環境

＝

資源は有限であり、使い続けるといつか枯渇する。環境に負荷をこれ以上かけると、地球に修復不可能なダメージを与える。

異常気象となって表出

KEYWORD

有限…… 限界があること。人の価値に対する欲望が無限なのに対し、地球資源は有限でいずれ枯渇し、非常事態を引き起こす。

近代経済学で環境問題は解決できますか？

POINT
価値増殖に邁進する資本主義の単純性と、自然の複雑な生態系は共存できない

近代経済学の限界とマルクス経済学への回帰

マルクス以降、ケインズ主義やマネタリズムなどの理論の登場に加え、統計学の方法を用いた計量経済学などの分析ツールの活用で、近代経済学（主流派経済学※）は、数学モデルを用いた思考実験の様相を呈しています。

経済学者や経済官僚たちは、様々な統計データを用いて経済の動向を分析し、財政政策や金融政策を策定しています。

しかし、それにより日本経済が一向に良くならないのはなぜでしょうか。良くなるどころか、近年は円安、物価高で国民の生活は苦しくなるばかり。その一方で、経済成長至上主義のもと自然は掠奪され、環境破壊は進む一方です。

ここで私たちは、やはりマルクスの思想に今一度立ち返ってみるべきです。マルクスは現在の近代経済学のように小難しい数字をこねくりまわすのではなく、資本主義の本質をそのものズバリ「無限に価値を増殖させる運動」と看破しました。つまり、資本主義において重要なのは、資本は絶えず利潤を生み出し続ける、という極めて単純明快な論理なのです。

これに対して、自然の生態系のシステムは複雑で、1つの場所にダメージが生じると、連鎖的に他の場所にダメージが生じます。このように、**生態系と資本主義は異なる論理で営まれているので共存不可能**なのです。

地球資源が有限である以上、常に豊かさを追求していてはいずれ限界がきます。現在、多くの国は環境が持続可能な形での

※マルクス経済学に対してこう呼ぶ。

お答えしましょう！

無理でしょう。今こそマルクスの知見に立ち返って、資本主義と自然が共存できないことを認識すべきです。

■ 資本の論理と生態系は共存不可能？

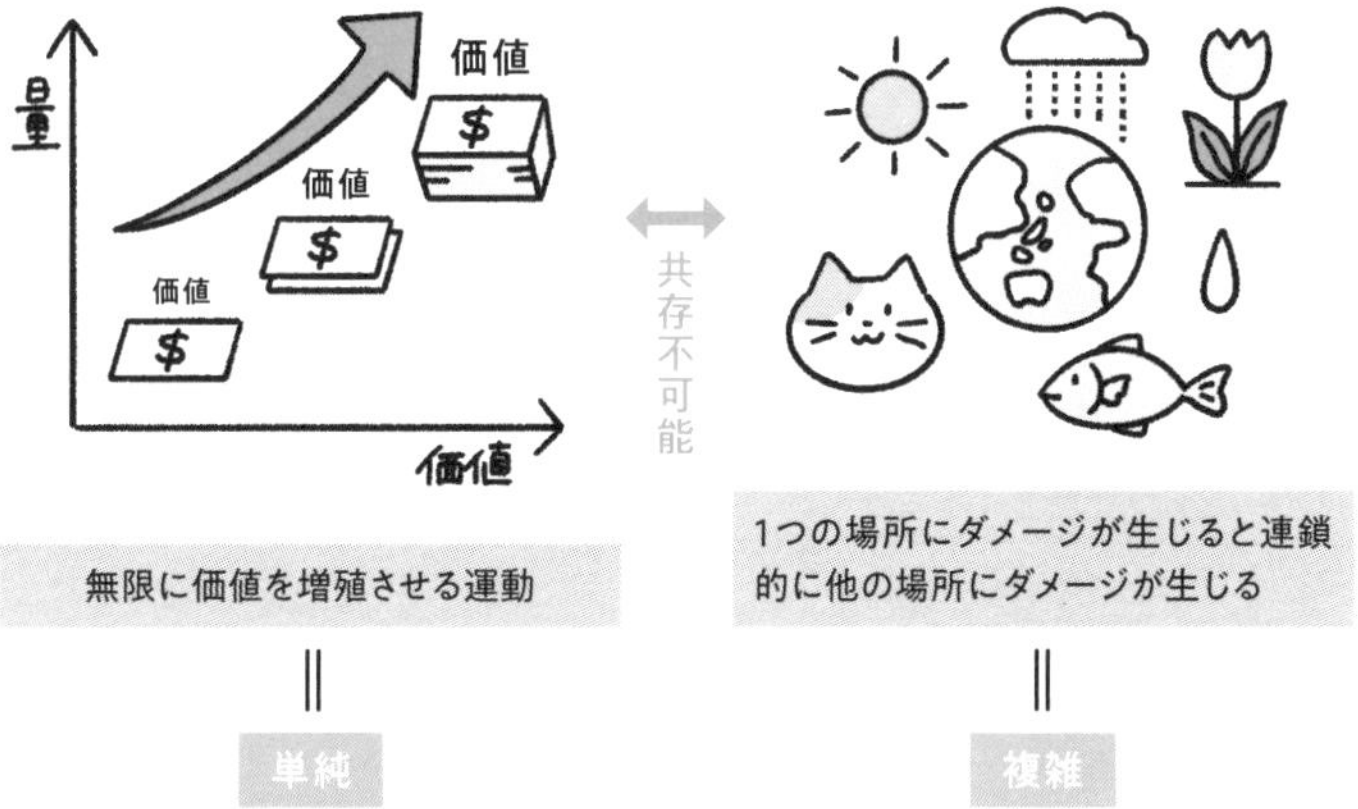
資本の論理
生態系
量
価値
価値
価値
価値
共存不可能
無限に価値を増殖させる運動
1つの場所にダメージが生じると連鎖的に他の場所にダメージが生じる
単純
複雑

利潤追求システムを提唱してますが、そう簡単にはいきません。

このまま利潤追求のための経済発展を続けていては、人間と自然の物質代謝に修復不能な亀裂が生じ、地球環境に深刻な影響が出てくるのは時間の問題です。そうならないためにも、新しい社会システムの構築が必要とされているのです。

KEYWORD

生態系……生物と環境が関係し合うあり方を一つの機能系とみなしたもの。生物は生産者、消費者、分解者に大別できる。

SDGsで環境問題は本当に解決するのでしょうか？

お答えしましょう！

人類の経済活動が与える環境負荷は大きく、SDGsだけで完全に解決することは難しいです。

■ SDGsでは気候変動を防げない？

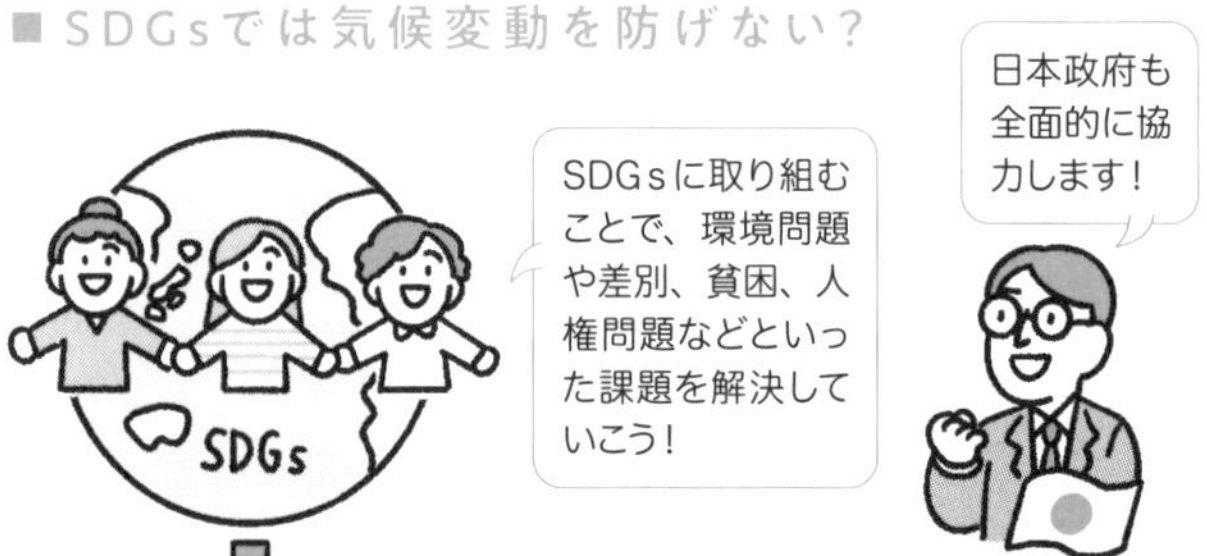
SDGs
SDGsに取り組むことで、環境問題や差別、貧困、人権問題などといった課題を解決していこう！
日本政府も全面的に協力します！

もうSDGsだけでは解決不可能なほど、地球環境は危機的な状況にあるよ。

SDGsとは「持続可能な開発目標」のことですが、資本主義が自然から搾取し続けている限り、温暖化などの問題を根本的に解決するのは困難である、という意見もあります。

SDGsでは手遅れ？深刻な環境問題

昨今、SDGs《エスディージーズ》が叫ばれています。その目標は、持続可能な代替エネルギーへの転換のほか、世界から貧困をなくすことや、平等な社会の実現などです。とても重要な取り組みであり、日本でも多くの企業がかかわっています。

しかし、SDGsに取り組むことで、環境問題に深くコミットしているという意識だけが先走り、自己満足に終わる危険性を指摘する声があります。

POINT

経済成長と環境問題解決は、現状では両立できない

■ 結局、経済成長を止めるしかない？

SDGsとグリーンニューディール政策

↓

これまでの環境負荷がすでに地球の限界を超えてしまっていて、対応できない

↓

経済成長を諦めるしかない

もはや経済成長を諦める、すなわち資本主義のシステムを見直すときに我々は来ているのです。

さらに、そもそも**SDGsだけでは環境問題は解決できない**とも言われます。特に温暖化の問題は根深く、もっと根本的なアクションを取る必要があると指摘されています。

経済成長を諦めるという選択肢

SDGsに関連して、グリーンニューディールという政策もあります。再生可能エネルギーや地球温暖化対策に公共投資することで雇用を生み、経済成長を促すという、経済にも環境にも良い政策です。

ところが、環境負荷はすでに地球の限界を超えてしまっていて、グリーンニューディールでは対応できないとも言われています。すると、現在残っている選択肢では経済成長を諦めるしかないということになります。

差し迫った地球環境の問題を本当に解決するには、**マルクスが主張するように資本主義を見直すしか道はない**のかもしれません。

KEYWORD

SDGs…持続可能な開発目標。代替エネルギーなどで環境保護を行いながら開発を続けるもの。17の目標がある。

物質代謝……………………114ページ
マルクスは人間が自然に働きかけることによって必要な物を生産する物質代謝を強調した。だが、物質代謝が増長すると、自然や人間の生活環境が破壊される。それゆえ、この問題はエコロジーの側面とも深く関係している。

攪乱……………………117ページ
人間の生産行為は、自然の調和バランスを破壊する、つまりは、攪乱する危険性を孕んでいる。環境破壊を行わない経済活動を目指さなければ、人間は自然を攪乱することで自滅するかもしれない。

無限……………………118ページ
人間の欲望は無限である。資本主義はその実現を保障するシステムでもある。しかしながら、人間が地球上で生存している以上、有限である地球環境を無限の欲望によって破壊するリスクがある点を忘れてはならない。

有限……………………118ページ
資本主義生産が用いる資源は無限ではなく、有限である。それゆえ、資本主義体制による拡大再生産を継続していくならば、悲劇的な結末が待っているかもしれない。われわれは有限な資源について深く考える必要性がある。

外部化……………………118ページ
自らが行わなければならない問題を外部に投げ出すこと。経済的分業制も外部化の例だが、近年、生産活動で生じた産業廃棄物を他の地域や国に廃棄するといった外部化が大きな問題となっている。

ケインズ主義……………………120ページ
市場の恐慌を抑えて、景気の循環を安定的なものとし、失業者を出さないようにするためには、政府が市場経済に介入する必要があるとするケインズの考え方。マクロ経済学の基礎理論となっている。

マネタリズム……………………120ページ
ケインズ理論批判から生まれた理論。経済問題を市場の働きのみに限定し、貨幣の供給量を変えることで市場の安定を目指すもので、新自由主義の中核理論である。

生態系……………………121ページ
様々な生物が生命維持のために寄り添って生きているものが生態系であるが、資本主義の経済発展優先主義が現在の地球上の生態系を破壊している。この破壊をストップさせるために、ＳＤＧｓの必要性が叫ばれている。

SDGs……………………122ページ
持続可能な開発目標であるＳＤＧｓは人間の地球環境破壊にストップをかけるための大きな目標を掲げている。だが、国家や企業のエゴによる対立が生じており、絵に描いた餅ではないかという批判的意見も語られている。

第 5 章

資本主義から身を守る方法を教えて下さい！

ソ連や東欧諸国のような社会主義国家が崩壊して以降、世界は資本主義の一人勝ちの様相を呈しています。それをいいことに、新自由主義の台頭と歩調を合わせるように、労働者を取り巻く状況はどんどん過酷になってきています。本章では資本主義体制の中での生存戦略を模索していきます。

資本主義における生存戦略

1

マルクスは経済のグローバル化を予見していたのですか？

資本の増殖運動は国境を超える

『資本論』には、資本主義のグローバル化に関して明確な記述はありません。しかし、資本主義が各国・各地域に時間差はあるにせよ広まって、**階級対立**が激化するとマルクスが考えていたことは確かです。それはマルクスとエンゲルスの『共産党宣言』における「万国の労働者よ、団結せよ！」という言葉からも読み取れます。

加えて、資本の増殖運動は、自己を制限するものを持ちません。よって資本主義は国家間の規制を取り払い、より資本の増殖できる国や地域へと拡大していきます。

こうした資本主義の性質を知っていたマルクスは、いずれ資本主義のグローバル化が起きると予想していたはずです。

経済のグローバル化によって、資本主義の制度と理念が国境を越えて全世界に広がりました。それを加速させたのがソ連を始めとする東側陣営の社会主義体制の終焉《しゅうえん》と、中国の世界経済への参入でした。

グローバル化によって、先進国は途上国から安い労働力を買うことが可能になりましたが、それにより自国の労働者は解雇や賃金の切り下げが行われ、経済格差は広がりました。また、資金力のある国が市場を独占するため、国家間の格差も拡大しています。

マルクスはこうしたグローバル化の功罪について体系的には論じていませんが※、21世紀に入り、**グローバリズムと資本主義の問題点が明らかになっている**のは事実です。

POINT

グローバル化は経済格差などの問題を生んでいる

※小論や草稿は残されている。

お答えしましょう!

資本主義が世界中に広まっていくこと（グローバル化）を、マルクスが予見していた可能性は高いでしょう。

■ 経済のグローバル化が引き起こす問題点

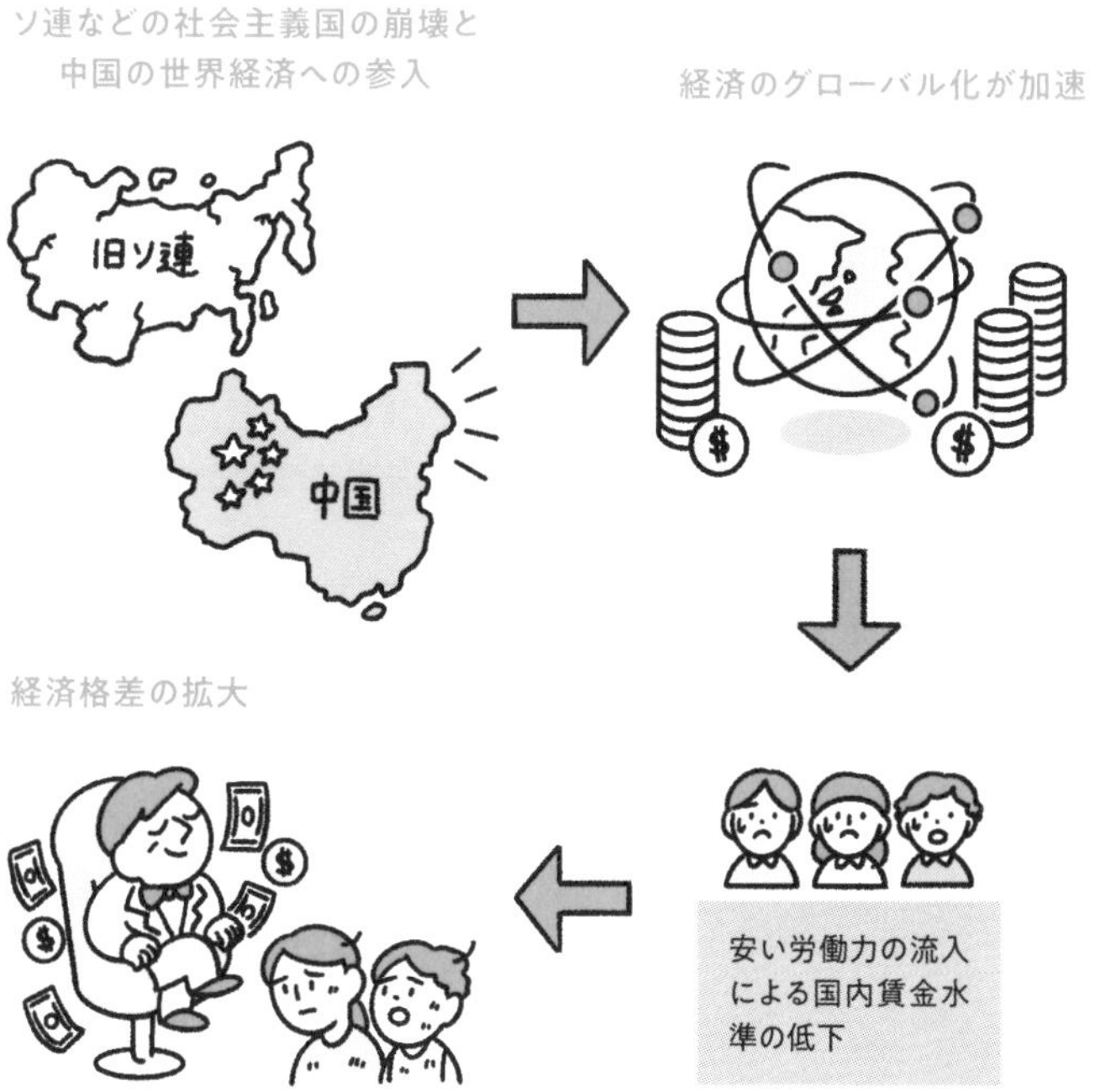
ソ連などの社会主義国の崩壊と
中国の世界経済への参入
旧ソ連
中国
経済のグローバル化が加速
$
$
安い労働力の流入による国内賃金水準の低下
経済格差の拡大
10
$
$
10

KEYWORD

グローバル化 …… 経済の国際化。世界経済の一体化。資本主義のもと資本や労働力が国を超え、世界的な経済の結びつきが強まること。

「恐慌（大不況）」をマルクスはどのようにとらえていましたか？

お答えしましょう！

マルクスは当初、恐慌が資本主義の崩壊と革命を準備すると考えていました。

■ 恐慌は周期的に起こる

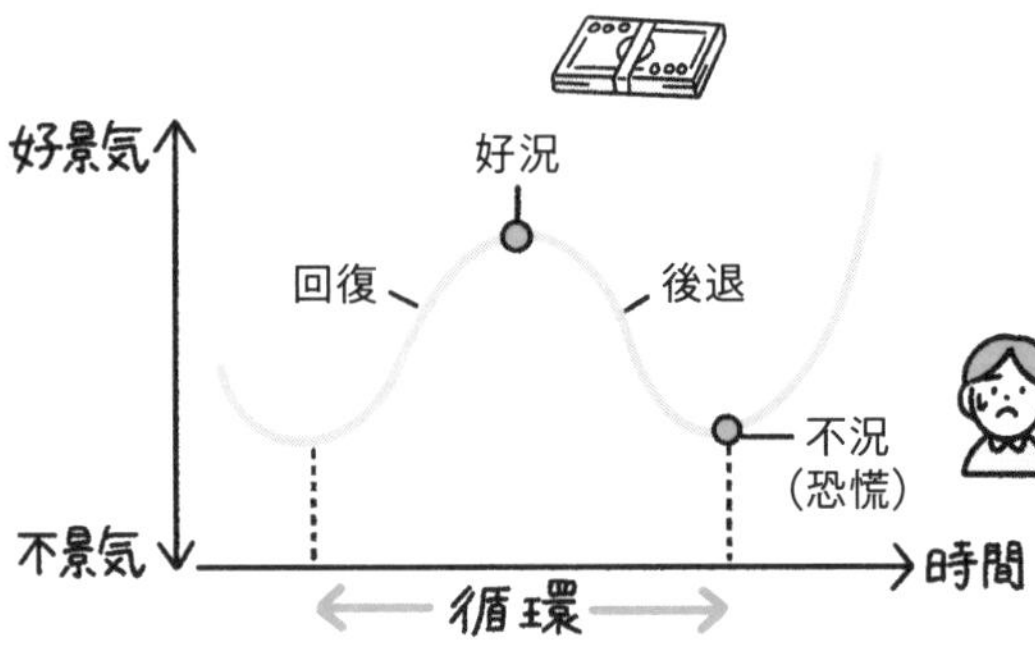

恐慌とは景気循環（好況→後退→不況→回復）の過程の中で、周期的に発生する深刻な景気後退のことです。マルクスは当初、恐慌は資本主義固有の現象で、資本主義の崩壊と革命につながるものと考えていました。

資本主義体制下で恐慌は必ず起きる

恐慌について語った経済学者はマルクスが最初ではありませんが（例えば、彼以前にもスイスのシスモンディがこの問題に関して語っています）、マルクスも『資本論』の中で恐慌に触れています。彼は当初、恐慌が資本主義の崩壊と革命につながる大きな出来事であると考えていました。

しかし、ロンドンでイギリスの恐慌を目の当たりにして、一回の恐慌で資本主義が崩壊するのではなく、**恐慌は周期的に生**

POINT
恐慌は周期的に生じながら、そこから回復して資本主義経済が展開していく

■バブル経済とその崩壊

バブル景気とは、1986年から1990年頃までの期間を指します。銀行や企業の膨大な資金が土地や株の購入にまわり、地価や株価が急上昇。日本中が好景気に浮かれました。

じながら、そこから回復して資本主義経済が展開していき、その連続の中で革命の方向性が定まっていくという認識に至りました。

バブル景気が恐慌を準備する

恐慌の原因は何かを端的に言うと、それは資本主義経済の下での生産拡大によって大幅な供給過剰が生まれてしまい、経済活動に強制ブレーキがかかるためです。恐慌によって多くの労働者が仕事を失い、多くの企業が倒産します。

1929年の世界大恐慌は、まさに世界経済に大打撃を与えました。

マルクスは「恐慌は、労働賃金が一般的に上昇して、労働者階級が年生産物中の消費向け部分におけるより大きな分け前を現実に受け取る時期、まさにこの時に準備される」と述べていますが、日本のバブル経済とその崩壊、失われた30年を考えれば、マルクスの指摘したことの正しさが理解できます。

KEYWORD

恐慌……景気が急激に後退する経済現象。恐慌によって多くの労働者が失業し、多くの企業が倒産する。

マルクスは資本主義が発展・成熟していくと最終的に何が起こると考えていた？

POINT

世界初の社会主義革命は資本主義の未熟だったロシアで起きた

お答えしましょう！

大企業の独占が増えるなか、窮乏する労働者の憤激が高まり、革命が起きると予想していました。

■マルクスが示した社会主義革命へのシナリオ

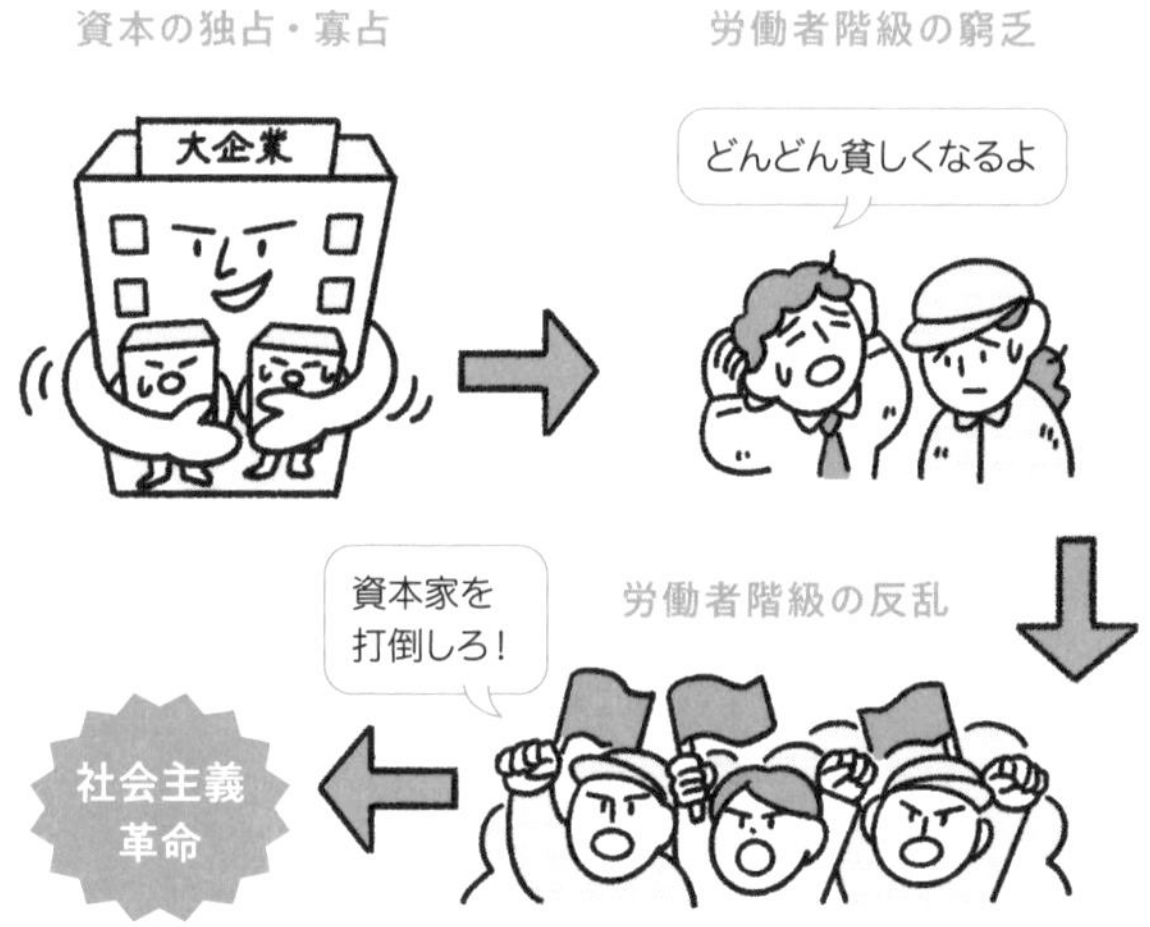
資本の独占・寡占
大企業
労働者階級の窮乏
どんどん貧しくなるよ
労働者階級の反乱
資本家を打倒しろ！
社会主義革命

資本主義の成熟は巨大な独占企業を生む

資本主義社会は、その発展に終わりがないわけではありません。マルクスは高度に発達しすぎた資本主義社会の終焉に至る過程も論じていました。

まず、資本主義社会では大企業が中企業を買収し一部の大企業がメガ企業になり、小さい企業は淘汰されていくとしました。この150年前の予言は、GAFA※などの巨大企業や日本の銀行や百貨店などがM&Aでより大きな企業に成長してい

※グーグル（Google、現アルファベット傘下）、アップル（Apple）、フェイスブック（Facebook、2021年10月よりメタに社名変更）、アマゾン（Amazon）の4社。

■マルクスの予想が外れた「ロシア革命」

革命は高度に発達した資本主義社会で起こるはずだ！
しかし

マルクスの予想に反して、世界で最初に社会主義革命が達成されたのは資本主義が未成熟なロシアにおいてでした。

く過程を見ることで的中していることがわかります。

革命は高度に発達した資本主義社会で起こる？

ただ、それ以降のマルクスの予言は、評価が難しいものがあります。マルクスは**一部のメガ企業の独占の中、貧富の格差が進み労働者たちの憤激が高まった末に、その体制が吹き飛ばされると述べています。つまり、社会主義革命**です。

マルクスは「資本主義的私有の最期を告げる鐘が鳴る。収奪者が収奪される」と言います。革命は、高度に発達した資本主義社会で起こるというのです。

ところが革命は、資本主義の未熟だったロシアで起きました。そこで生まれたソ連は、社会主義の理想からはかけ離れたものでした。

今後革命が先進国で起きる可能性は低いでしょう。しかし、マルクスの予言した資本主義の問題は変わらず残っています。

KEYWORD

社会主義革命……資本主義体制を変革し、生産手段の私的所有を廃止し、これを社会全体の財産として階級支配までも根絶しようとする革命。

資本主義の枠組みの中での生存戦略とは？

お答えしましょう！

国家でも企業でも個人でもない、中間団体的存在の確立が重要になります。

■ 第3の道としての中間団体

国家

企業

新自由主義の台頭で、政府は企業の経済活動に基本的に介入しない。また、自己責任を基本に小さな政府を目指し、福祉の切り捨てや、労働者の自助努力を促す。

資本のむき出しの暴力により、労働者は企業に搾取され、人間性を喪失する（疎外）。

↓

国家でも企業でもない第3の道

＝

中間団体

中世のギルドや教会のような存在。現代では労働組合や宗教団体、NPO法人、生協、ワーカーズコープなどが該当する。マルクスの「アソシエーション」という概念に近い。

資本主義の暴力性から身を守るには？

資本主義のシステムは強固であり、この枠組み自体が崩壊することは当分の間ないと思います。しかし、資本主義のむき出しの暴力性から身を守り、上手に資本主義とつき合うためには何かが必要です。

　そのために期待されているものとして、中世ヨーロッパにもあった中間団体的な存在があります。この中間団体は、国家でも企業でも個人でもない組織を指します。現代では、労働組合

POINT

資本主義の矛盾を克服する中間団体が注目されている

■ 小さな人間関係の構築から始める

個人では資本の論理に対して無力。

身近な人との関係を重視することで、お金を切り離した相互依存的な中間団体を作る。

無数の中間団体ができることで、資本主義に対抗できる勢力が生まれる

や宗教団体といった非営利団体や、ワーカーズコープ（労働者や市民みんなで出資し、全員が経営・労働に参加して、民主的に事業を運営していく協同組合）などがこれに当たります。

周囲の人間たちと助け合いの関係を作る

この**中間団体を設立することで、市場原理に基づいた過酷な競争から抜け出し、民主的で水平的な組織の中で助け合って生きていくことができます。**

そのためには、まず個人個人が周囲の人間関係を重視し、お金を切り離した相互依存関係を考える必要もあるでしょう。そうした小さな人間関係も中間団体の1つであり、その積み重ねによって資本に対抗できる団体が構築されていくのです。

まずは、自分の身近なところから〝革命〟を起こしてみませんか。資本主義の論理に包摂されて自分を見失う前に、毎日の生活の中でできることから始めてみましょう。

KEYWORD

中間団体……国家と個人の中間にある団体。もともとヨーロッパの中世社会での自治都市、ギルド、地区の教会などを指す。

マルクスの思想は晩年変わった？

POINT
若きマルクスと晩年のマルクスには様々な違いがある

生産力至上主義は環境の破綻を引き起こす

1848年、マルクスとエンゲルスは『共産党宣言』を発表しました。資本主義の生産能力向上によっていったん資本は利益を得るが、労働者の給与を上げないため彼らが商品を購入できず生産過剰になり、恐慌が生じる。そして、困窮する労働者たちが立ち上がって革命を起こす……。これが、若きマルクスの考えでした。生産能力向上が結果的に革命を準備し、豊かな共産主義社会を作り上げると考えたのです。

このように、マルクスは生産能力向上に対して肯定的だったのです。これは、物質的生産力の発展と在来の生産関係との矛盾が、歴史を動かす原動力となるという考えにつながります。これを**唯物史観**《ゆいぶつしかん》と呼びます。

しかし、フランスでの二月革命（1848年）を経て、プロレタリア革命が実現せず資本主義が息を吹き返す事実を見て、『共産党宣言』から20年ほど過ぎて発表した『資本論』では、マルクスは生産力の発展を無批判に賞賛することを止めています。何があったのでしょうか。

生産力至上主義は環境の破綻を引き起こす。新しい社会が資本主義社会の富を引き継いでも、地球規模の環境破壊が起こりえる……。こうした部分は未完の『資本論』に書かれていなくても、メモや草稿、他の著書などから読み取れます。**晩年のマルクスは環境保護の思想を持っていた**という解釈が有力です。生産力を高めると、いずれ地球環境に悪影響を及ぼすことをマルクスは知っていたのです。

お答えしましょう!

生産力至上主義への無批判な賞賛を止め、環境保護と労働者保護の観点から資本主義批判を展開しました。

■マルクスの生産力に対する考え方の変化

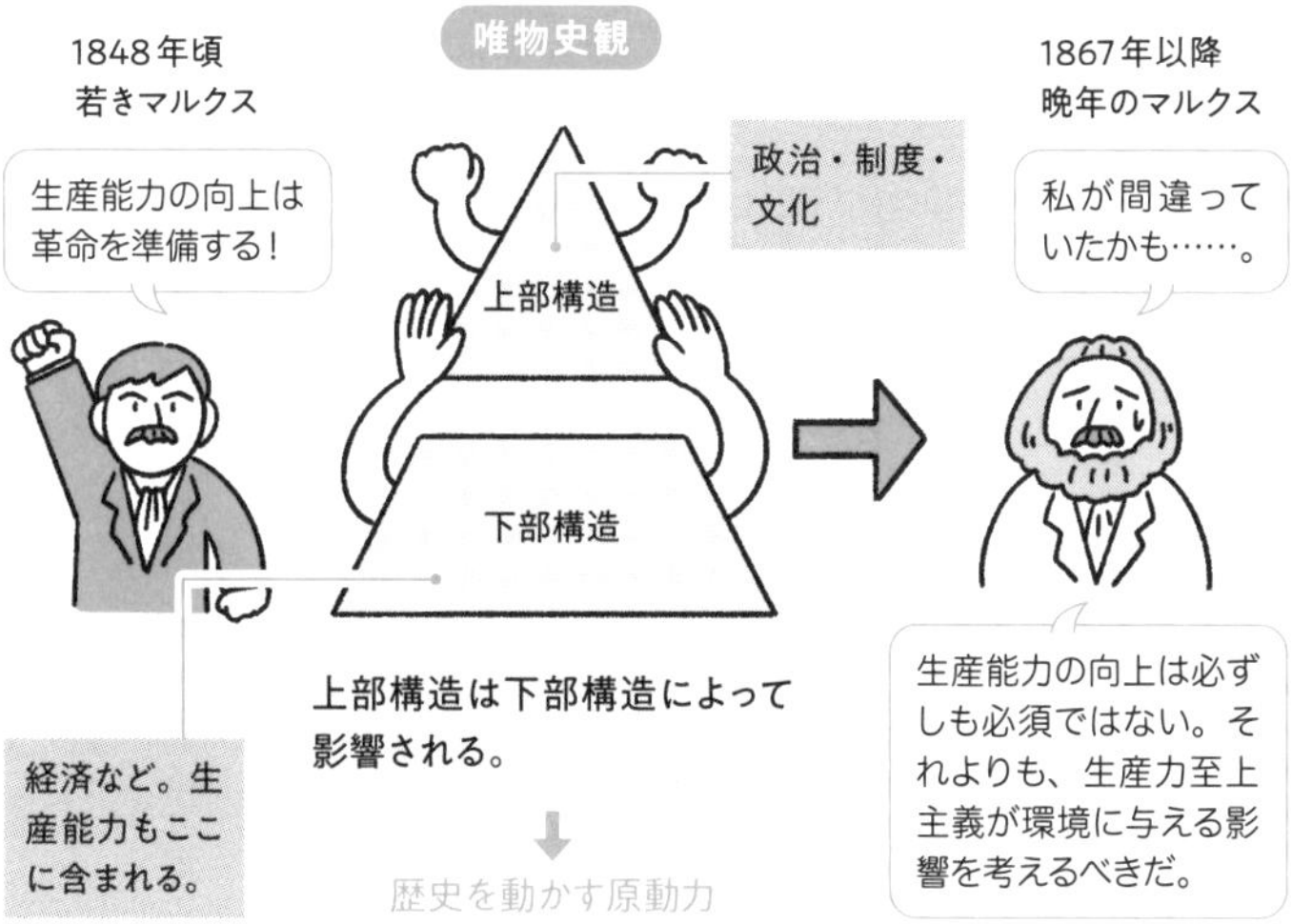
唯物史観
1848年頃
若きマルクス
生産能力の向上は革命を準備する!
政治・制度・文化
上部構造
下部構造
経済など。生産能力もここに含まれる。
上部構造は下部構造によって影響される。
歴史を動かす原動力
1867年以降
晩年のマルクス
私が間違っていたかも……。
生産能力の向上は必ずしも必須ではない。それよりも、生産力至上主義が環境に与える影響を考えるべきだ。

工場の煙突から煙が吹き出し、労働者がやせ細るほどに働かせられている当時の状況を見れば、環境保護と労働者保護の両方に至るのは不思議ではありません。晩年のマルクスが脱生産力至上主義に傾いていたという考えは、今後さらに検証されるべきでしょう。

KEYWORD
生産力至上主義……資本主義社会で、生産の効率性に価値を見出した考え方。若きマルクスは支持したが、晩年のマルクスは懐疑的であった。

「生産力至上主義」から脱却するためには、どうしたらよいのでしょうか？

お答えしましょう！

「価値」よりも「使用価値」に重きを置いた社会への転換を図るべきです。

■ 生産力至上主義では使用価値はないがしろにされる

とにかく売れるものをじゃんじゃん作れ！
売れ筋No.1
TVで話題
人気商品
資本家
テレビのワイドショーで取り上げられただけで、正直何の役に立つのかがわからない商品だな……。ブームが去れば、どうせ廃棄されるよ。
商品

企業にとって商品の使用価値は二の次です。いくら消費者にとって有用な商品でも売れなければ、生産はしません。逆に消費者にとって役に立たない商品でも、市場で高く売れるならば、どんどん生産します。

とにかく売れるものを作れ！

24ページでも解説した「価値」と「使用価値」を、ここで改めて論じてみます。使用価値がその商品の有用性を表しているのに対し、価値はその商品の価格として現れます。そのため、企業は価値にばかり目を向けがちになります。つまり、価値のあるもの（＝売れるもの）をいかに多く作るかに注力し、生産力至上主義が幅を利かすようになるのです。

そこにおいては、商品の使用

POINT
資本家にとって重要なのは使用価値ではなく価値

■価値よりも使用価値を重視する社会へ

本当に必要な物以外は作らない社会にシフトすれば、生産力至上主義から脱却できて、環境への負荷も減らせます。

価値よりも使用価値を重視する → 不要な物や環境に悪い物は作らない → 社会にとって本当に必要な物だけを作る → 生産力至上主義からの脱却 → 環境への負荷の軽減

価値は重視されません。高い値段で売れる商品ならば、社会的に無価値なものであっても、あるいは社会に害を与えるものであっても構いません。**利潤追求のために、資本家はひたすら生産力アップをめざします。**

使用価値を重視した社会へのシフト

こうして使用価値は軽視され、本当に必要な商品は生産されず、不必要なものや環境に悪いものなどが大量生産され、自然環境に負荷をかけます。

　生産力至上主義から解放され、環境破壊を抑え、自身も余裕のある働き方をするためには、**価値より使用価値を重視した世の中を考えることが必要**です。もしそうなれば本当に人々に必要なものしか作られなくなり、やみくもに利潤追求のための商品を生産することもなくなります。ただし、その結果、GDPが減少し、経済成長は減速します。これは人々にとって難しい選択になるでしょう。

KEYWORD

使用価値……その物が持つ有用性。使うメリット。パンの場合、食事として食べられることなどが使用価値になる。

「使用価値」を重視した社会では、労働時間はどうなりますか？

POINT
金儲けのための「価値」重視からの転換が必要

お答えしましょう！

社会にとって無意味な仕事は減少します。労働時間も短くなり、生活の質も向上するでしょう。

■ 世の中は人々の欲望を喚起するだけのどうでもいい仕事（ブルシットジョブ）であふれている

マーケティング
顧客の潜在的なニーズを調べて、それを商品化するのが我々の仕事だ！
広告
今回の新商品の広告戦略ですが……。
新商品
コンサルタント
御社のこの部分をコストカットすれば、もっと利益が上がります。
投資関連

無意味な仕事が消えていく

使用価値重視の社会が実現すれば、金儲けのためだけの無意味な仕事、すなわち、商品の価値（＝市場における物の価格として表れるもの）のみを重視する仕事を減らせます。

社会にとって本当に大事なものへ仕事の配分を回すことができ、労働時間の短縮が可能になるのです。つまり、社会の再生産にとって意味のない仕事――マーケティング、広告、コンサルタント、証券やＦＸ、仮想通

■不要な商品の生産を止めれば、社会全体の労働時間も減らせる

社会にとって有用性のない商品の生産を止める

→

社会全体の総労働時間を削減

→

失業者はワークシェアリングで対応

みんなで仕事を分け合おう!

貨などの投資関連会社……といったおおよそ実体がなく、消費者の欲望を喚起させるためだけの仕事が減るのです。

社会全体の総労働時間は減少する

実際、世の中は広告やSNSなどによって意味なく欲望を喚起された、必要もない商品で溢れています。

現代は不要な商品が売買され、その生産に当たり環境も破壊され、一方で貧富の格差も広がっています。これらを止めるには、必要のない商品の生産をやめればいいのです。そうすれば、社会全体の総労働時間を大幅に減らすことができ、過労死などのない社会が生まれ、環境にも良い影響を及ぼします。

無駄な商品の生産をやめ、コンパクトな社会を作り、その結果生まれた失業者にはワークシェアリングなどで対応すればいいでしょう。

KEYWORD

ワークシェアリング……労働者同士で雇用を分け合うこと。一人が担当していた仕事を複数人で分担すること。一人あたりの労働時間を削減でき、新たな雇用を生み出す。

労働における「やりがい」を回復させるには？

お答えしましょう！

無味乾燥な労働をもたらす分業をやめ、創造性のある仕事を導入しなければなりません。

■ ハンナ・アーレントの「労働」と「仕事」の定義

仕事（Work）
＝
創造的生産作業
労働（Labor）
＝
単純生産作業
研究・思索・執筆・芸術活動など
分離
農作業など

ハンナ・アーレントは「労働」を人間が生きていくために必要な生産活動であり、他者から強いられる苦役と定義しました。一方、マルクスは資本主義下では労働は搾取を伴う苦役であるが、本来は喜びを伴う尊い活動であると考えていました。

労働と仕事の融合をめざす

ドイツ出身のアメリカの政治哲学者・思想家のハンナ・アーレントは、古代西洋社会においては単純生産作業の「労働」と創造的生産作業の「仕事」が分岐していたと述べています。

　すなわち、人間らしい創造性に溢れたものが仕事であり、人間が生きていく上で必要な苦役が労働であるとしたのです。

　これに対して、マルクスはハンナ・アーレントのように労働を否定的なものとは捉えていま

POINT

機械的な仕事ではなく、人と人との絆を深められる魅力的な仕事が重要

■「労働」にやりがいを回復させるには？

労働により個々人の創造性が発揮されるためには、分業の廃止が重要になります。

資本主義体制での労働における「やりがい」や「喜び」の喪失
→ 分業を廃し、多様な労働に従事できる労働環境の導入
→ 労働は苦役ではなく、魅力的なものへ
→ 労働における「やりがい」の回復

せんでした。マルクスは、労働により個々人の創造性が発揮され、それが自己実現の契機になることを目指していたのです。その意味で、マルクスにとっての労働は、アーレントの労働（単純生産作業）と仕事（創造的生産活動）を融合させたものであると言えます。

単純労働ではなく、やりがいのある仕事が必要

しかし、マルクスの時代はもちろん、現代においても多くの労働者は画一的で単調な作業を強いられています。**労働にやりがいを回復させるためには、画一化された機械的な労働をもたらす分業を廃し、多種多様な労働に従事できる労働環境を導入しなければなりません。**

それは、労働者が資本主義のシステムに「包摂」される（取り込まれる）ことを克服して、労働を魅力的なものにするためのステップなのです。

KEYWORD

労働と仕事……ハンナ・アーレントによる人間の活動の分類。古代西洋社会においては、単純生産作業の「労働」と創造的生産作業の「仕事」が分岐していた。

GAFAなどのグローバル巨大企業に押しつぶされないためには？

POINT
大企業のためだけの技術革新を打破しなければならない

新たな疎外の形が強化されている

現代のグローバル巨大企業はマルクスの言う「無限に価値増殖を続ける資本」を体現し、彼らのイノベーション（主にIT技術を駆使したもの）による生産性の向上は労働者を幸せにするのではなく、より劣悪な労働環境を生み出しています。

例えば、「EV車をおもちゃのように作る（車のボディを溶接なしに作る）」というテスラ式が自動車製造において主流を占めれば、トヨタ式の生産方式（トヨタの車は3万点以上に上る部品の集合体を組み立てる方式）が衰退して、約6万社の下請け企業の労働者が失業するか、安い賃金で働かざるをえなくなります。労働者に最低限の幸せを保証してきた日本式（トヨタ式）経営が世界的な巨大企業に蹂躙《じゅうりん》された時、それは日本経済の終焉の時を意味します。

また、『the four GAFA 四騎士が創り変えた世界』（東洋経済新報社）によれば、GAFAは多様性と常識を破壊する経営戦略を取っています。

例えば、アマゾンの流通システムの完全自動化によって小売店が一掃されています。

またグーグルの検索エンジンは、人間から「自分の脳を使う」手順を省略させて、その脳に成り代わっていると言われています。

GAFAは、同業者をどんどん駆逐し、「わが社のルール」を世界中に押しつけ、それにそぐわないものは排除しています。「多様化」が叫ばれる時代に、まったく真逆の世界を創り出そうとしているのです。

お答えしましょう！

IT技術などを駆使した新たな「疎外」の形態を拒絶し、グローバル大企業の戦略に異議を唱えるべきです。

■ GAFAによる新たな疎外

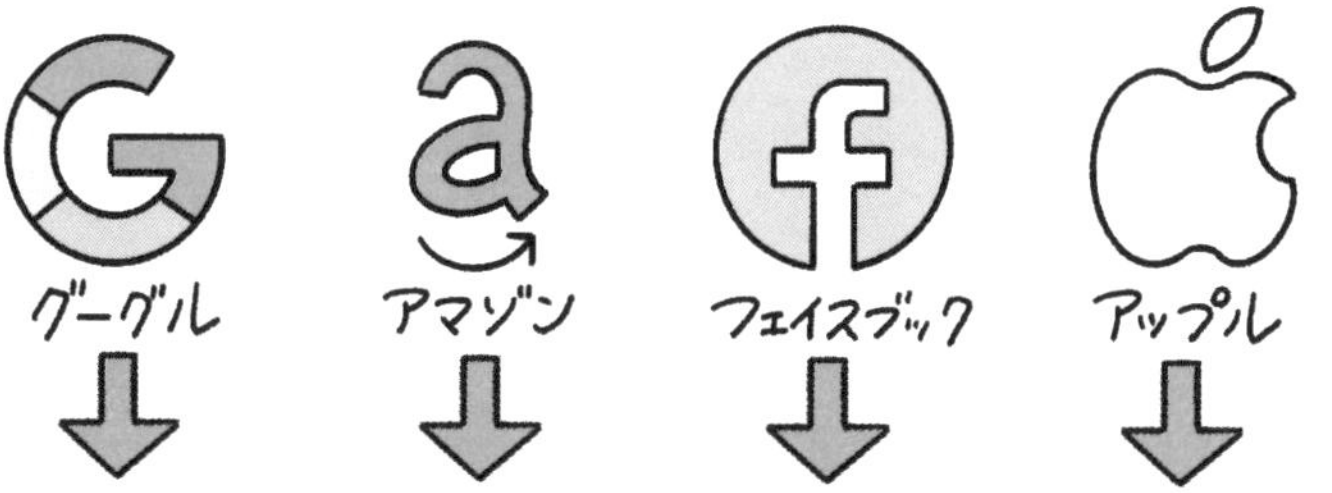

グーグル：検索エンジンにより人間から自分で物を考える力を奪う。

アマゾン：利用者の購入履歴をもとにオススメ商品を表示するレコメンド機能などにより、人々の欲求を支配。

フェイスブック：大量の個人情報を収集しているが、それが何に利用されているかが不透明。また、個人情報の漏洩のリスクが高い。

アップル：iPhoneに見られるように、巧みなブランド戦略で、テクノロジーを神のように崇める信者を獲得。

人々から考えることを奪い、自らが欲求すること（自分が何を欲しいかということを自分で決めること）すら奪おうとしています。こうした**新たな形の「疎外」が世界規模で起きている**今こそ、反ＧＡＦＡや、反テスラの狼煙《のろし》を世界中で上げるべきではないでしょうか。

KEYWORD
イノベーション……技術革新。元々多くの人々を幸福にするためのものだったが、新自由主義のもと、大企業の搾取の道具と化している。

労働者は資本家だけでなく、国にも搾取されている？

POINT
国家を運営する支配階級は労働者の生産物を搾取する

官僚と政治家は庶民の敵か？

マルクスの思想には、**国家を「支配階級が自らの利益を追求するための組織」**と見なす側面がありました。歴史の流れの中で、国家体制は支配者が創るものので、その支配システムを被支配者が打倒することで、体制が変わっていくという階級闘争の歴史的意味をマルクスは重視したのです。

この考えに従うと、生産活動を担う国民と共生して自らは何も生み出さない政治家や公務員（特に官僚）は、自分たちの利権のためにしか働いていないと見なすことができます。

例えば、現在の日本で福祉のために使われていると言われている消費税も、本当にそうであるかはブラックボックス状態です。実は官僚の利益誘導（天下りや大企業との癒着）に使われている可能性も指摘されています。

消費税以上に重い国税と住民税、社会保障費にしても、サラリーマンは給与の3割近くも天引きされ、年収1000万以上でも手取りは実質720～780万円程度。おまけに、児童手当などの様々な子育て支援を所得制限のために受けられないケースも多く見られます。これでは、なんのために一生懸命働いているのかわかりません。

また、年収250～300万の階層の庶民（貧困層）の重税感も大きい状況です。30年以上も給与水準が上がっていない庶民階級に対して、官僚や政治家は給与が増え続けており、様々な優遇措置も受けています。そこには、**国家による搾取の構造**がはっきりと見えています。

お答えしましょう!

国家は支配者のためのもので、被支配階級である労働者は支配者に搾取されてしまうという側面があります。

■ 国家と資本家のタッグで労働者をノックアウト?

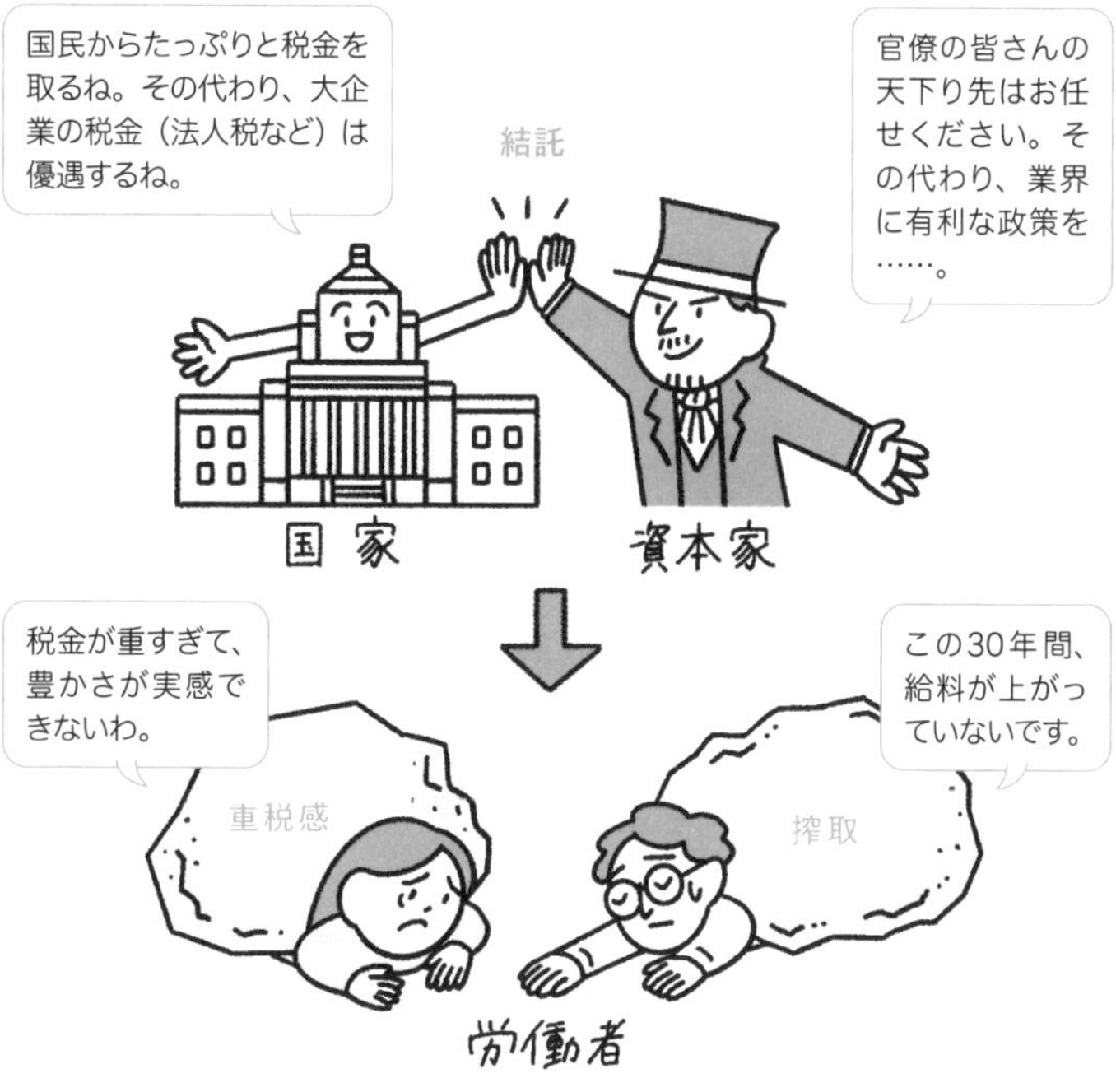
国民からたっぷりと税金を取るね。その代わり、大企業の税金(法人税など)は優遇するね。
結託
官僚の皆さんの天下り先はお任せください。その代わり、業界に有利な政策を……。
国家
資本家
税金が重すぎて、豊かさが実感できないわ。
この30年間、給料が上がっていないです。
重税感
搾取
労働者

KEYWORD

階級闘争……階級と階級との間の戦い。原始共産制の中から私有財産と階級分化が生まれ、古代ギリシャ以降は支配階級の組織としての国家が成立し、階級闘争を生んだとマルクスは考えた。

地方と首都圏との経済格差を埋めるにはどうしたらよい？

お答えしましょう！

都市優先、地方軽視の傾向が改善されなければ、地方と首都圏の格差は埋まりません。

■ 地方と首都圏の格差

首都圏
地方
経済
教育
大企業がたくさんあって、目移りするわ。
全然仕事がないよ。あっても低賃金ばかり……。
中高一貫の進学校に行きたいわ。
駅から遠い上に、普通科のある高校は地元に1つしかないよ……。

都市部と地方の絶望的な断絶

マルクスはエンゲルスとの共著『ドイツ・イデオロギー』などで、都市と農村の分離・対立について述べています。歴史的に見れば、都市の工業化に伴って、囲い込み運動（P18参照）で土地を失った農民が都市に行き、労働者となる構図をマルクスは示しています。

現代日本においても、都市部と地方の経済格差の問題が深刻化しています。地方の産業の衰退・空洞化、過疎化の一方で、

POINT
地域格差に対して政治・経済・社会の観点から真剣に考えるべき

■ 地方の新しい若者像・マイルドヤンキーとは?

地元の企業に勤めています。やっぱり地元はサイコーです。気の合う仲間もいるし……。
イオンモールに行くのが一番の楽しみだわ。
ÆON

東京を中心とする首都圏への資本と人口の集中により、田舎では地方公務員と地方銀行以外ほとんどまともな仕事がないという状況があります。

地方の新しい若者像 マイルドヤンキー

こうした中で、マーケティングアナリストの原田曜平氏は「マイルドヤンキー化」する地方に注目しています。マイルドヤンキーは都市部の一般的な若者とは異なり、仲間と一緒に車を使い、低賃金ではあるけれども地元企業に勤め、行動エリアが半径5キロメートル以内で完結し、早くに結婚し、子どもを育てている人たちのことを指します。ニート層などに比べて消費意欲が高いため、今、多くの企業はその消費傾向に注目していると言われています。しかし、そのような傾向があるにせよ、都市部と地方の経済的格差は、今も広がり続けています。

KEYWORD

マイルドヤンキー……地元愛が強いことや上昇志向の欠如、低学歴、IT知識の欠如、比較的低所得であるなどといった特徴を持つ地方で暮らす若者のこと。

リモートワークの浸透で、資本家と労働者の関係は変わる？

POINT
労働者は資本家に買われた労働力をある程度取り戻すことができる？

お答えしましょう！

資本家からの監視を逃れ、ある程度自分の裁量で労働者が働けるようになります。

労働者は決められた場所で働くのが常識

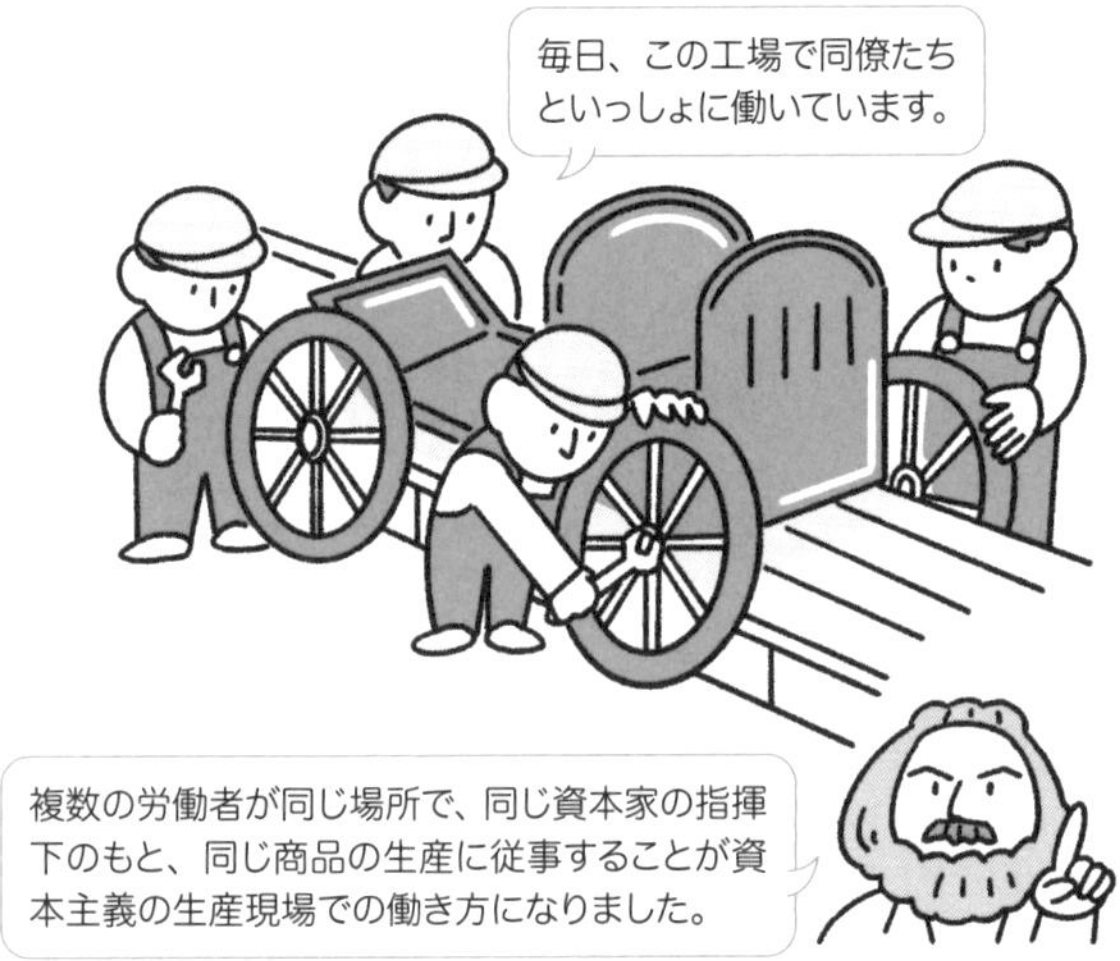
毎日、この工場で同僚たちといっしょに働いています。
複数の労働者が同じ場所で、同じ資本家の指揮下のもと、同じ商品の生産に従事することが資本主義の生産現場での働き方になりました。

決められた仕事場で働くのが原則

『資本論』には「比較的大きい労働者数が、同じ時間に、同じ空間で（中略）、同じ商品種類の生産のために、同じ資本家の指揮のもとで働くことは、（中略）資本主義的生産の出発点をなす」とあります。

つまり、労働者の労働力は本来労働者のものであるが、その使用権を契約によって資本家に売ってしまったのだから、決められた仕事場で決められた時間、資本家の指示に従って働か

■リモートワークが従来の働き方を変える

ある程度、自分のペースで仕事ができるから、作業がはかどる。
誰にも見られていないと、ついついさぼっちゃうわ。
株式会社
子育てをしながら、自宅で仕事ができて助かるわ。
通勤ラッシュから解放されてうれしい！

なければならない、ということです。

コロナ禍によって働き方が変わった影響は？

しかし、近年のコロナ禍により、職場に行かずに自宅で仕事をするリモートワークが浸透しました。これにより、労働者の立場も変わってきました。**「比較的大きい労働者数が、同じ時間に、同じ空間」で働くという前提から労働者は解放され、ある程度自分の裁量で働くことが可能**になったのです。

一方、資本家の側としては、リモートワークで労働者がきちんと働いているかどうか、不安に駆られます。これに対応して、テレワーク管理ツールが導入されました。社員の勤務状況を管理するためです。

とはいえ、労働者が以前より自由に働けるようになるのは間違いありません。**労働者の働き方、資本家との関係に変化が出てくる**でしょう。ただし、リモートワークができないエッセンシャルワーカーへの配慮も今後重要になります。

KEYWORD
リモートワーク……在宅勤務。会社に出向くことなく自宅で仕事をすること。

万国の労働者よ、団結せよ！……126ページ
『共産党宣言』の最後に書かれた言葉。この言葉は抑圧された全世界の労働者が、一致団結することによって理想的な共同体を作りあげる社会主義革命実現への重要なスローガンとなった。

恐慌……128ページ
好調であった景気が突如後退する現象。恐慌によって失業者が増大し、企業の倒産が相次ぎ、経済的な大パニックが起きるとした。マルクスは資本主義体制下において、恐慌は必然的に起きるものであると主張している。

バブル景気……129ページ
株価や不動産の価格が、実体とかけ離れて高騰することによって起きる景気。日本においては1986年12月から1991年の2月までの時期をバブル景気期と呼ぶ。バブル景気崩壊によって、日本では長期間の不景気が続いた。

社会主義革命……131ページ
現在ある私有財産に基づく資本主義体制を打破し、プロレタリアート独裁による経済・政治体制を実現させるための革命。マルクスは世界の労働者が蜂起して、資本主義を転覆させなければならないと考えた。

中間団体……132ページ
国家と個人の間を繋ぐ団体。生協、労働組合、ワーカーズコープといった中間団体はマルクスも指摘した労働者の自由な相互扶助としてのアソシエーションの役割を担うという点で、近年、大きな注目を集めている。

共産党宣言……134ページ
マルクスとエンゲルスの共著。この本は共産主義者同盟の綱領として書かれ、人類の歴史は階級闘争の歴史であり、資本主義がプロレタリアートによる革命によって打倒されることが示されている。

ワークシェアリング……139ページ
一人の人間が行っていた仕事を複数の人間が分担すること。労働時間の短縮や新たな雇用の創出という利点がある。だが、生産性の低下や労働者の収入減少といったデメリットも存在している。

ハンナ・アーレント……140ページ
ドイツ生まれのアメリカの政治哲学者。彼女はナチスドイツだけでなく、スターリン時代のソ連も全体主義的な体制であるとして強く否定した。社会主義が必ずしも理想的ではないという点を指摘した彼女の思想は、重要である。

階級闘争……144ページ
私有財産を保障する資本主義下で起きる、労働者階級の人間と資本家階級の人間との対立。労働者が資本家の搾取から解放されるためには、必然的に階級闘争が必要であるとマルクスは主張した。

おわりに

資本主義体制から いかにして身を守り、生き残るか？

『資本論』を読む現代的意味は、革命や階級闘争という理念よりも、私たちの多くが今現在直面している、もっと切迫したリアルな現実と向き合うことにあります。すなわち、企業（資本家）に「金か命か」と迫られたときに、自分の命を優先できるようになるための理論武装として、『資本論』は役立つのです。

「どうして毎日満員電車に乗って会社に出かけて、夜遅くまでクタクタになるまで働かなければいけないのか？」

「なぜ、無理な時間外労働をしなければいけないのか？」

「給料がいっこうに増えないのはなぜか？」

「どうして生活していく上でギリギリの賃金しかもらえないのか？」

「働いても働いても貧しいのはなぜか？」

「嫌な上司に対して、なんで我慢して従わなければいけないのか？」

こうした疑問は子どもの頃から資本主義体制の中に育ち、学校で資本主義体制での良き労働者になるための一種の洗脳教育を受けてきた人間からは本来出てこないはずです。しかし、社会人になって過酷な労働環境で毎日過労死寸前まで働いたり、派遣切りなどで失業したりすると、資本主義社会が内包する危険性に否が応でも気がつくことになります。それは「学校で習ったことと、全然違う」と、社会に出て初めて知る〝不都合な真実〟です。

しかし、自分がいざ失業者やワーキングプアになったあとでは遅すぎます。そうなる前に、資本主義に内在する暴力性を皆さんは知っておくべきなのです。それは、自分の身を守るための必須の教養と言えるでしょう。

イギリスの批評家であるマーク・フィッシャーは「資本主義が唯一の存続可能な政治・経済的制度であるのみならず、今やそれに対する論理一貫した代替物を想像することすら不可能だ、という意識が蔓延《まんえん》した状態」を、「資本主義リアリズム」という言葉で言い表しました。

資本主義が自明になった世界でそれを乗り越えるのは、もはや難しい。資本主義でもなく社会主義でもない、オルタナティブな世界を我々は想像できない。資本主義の終わりより、世界の終わりを想像するほうがたやすい……とフィッシャーは悲観的な見解を示します。

そうであるとしたら、こんな世界で私たちはどう主体的に「疎外（P72参照）」を克服して生きていけばいいのか。そのためのヒントが『資本論』には詰まっているのです。

本書は、世の中で生きるのがつらいと感じている人に緊急避難的に「資本主義」というシステムに内在する論理を理解してもらい、なぜ自分がこんなに苦しんでいるのか、資本の論理に殺されないためにどうすればいいのかの指針を与えるための本です。

ですから、本書の内容は旧ソ連や旧東欧諸国、中国といった過去や現在に存在した、または存在する社会主義国の現実とは無関係で、なおかつ革命をめざす左翼系の人々のイデオロギー的な『資本論』の解釈とも一線を画すものとなっています。

だから、従来のマルクス主義的な『資本論』の読み方に慣れ親しんだ人は、本書の内容に不満を抱くかもしれません。しかし、私はそれでも構わないと思っています。本書の目的は共産主義的なイデオロギーを人々に伝えることではなく、資本主義体制に内在する暴力性からいかに身を守り生き抜くかという道を示すことにあるからです。

最後に、これは蛇足かもしれませんが……。本書は労働者であるあなたが資本主義体制に包摂（P108参照）されず、自由な個人として主体的かつ自由に生きるための処方箋としての側面が多分にありますが、これから資本家になろうという人間が読んでも役に立つでしょう。

現に若い頃に『資本論』を読んだことで、労働力がいかに価値＝お金を生み出すかを学び、それをビジネスに応用している人を私は何人か知っています。

おそらく、経営者たちの多くは、意識的か無意識かはわかりませんが、労働力が無限の価値を生み出すことを本能的に感じ取り、労働者を恒常的かつ合法的に（より酷い形で）搾取するスキームを作り上げたのでしょう。

経営者のような資本家になれないならば、今はスキル（知識や技術など）をネットで簡単に売買できるスキルマーケットが数多く存在しています。そうしたものを利用したりして「プチ資本家」になるのもいいでしょう。あるいは、今流行《はや》りのクラウドファンディングを利用して資金を集めて、自分が本当にやりたいことにチャレンジしてもいいでしょう。これも、資本主義に対抗する防御策と言えるでしょう。

なにはともあれ、本書を読むことで、資本主義の論理から離れた現代のアジール（聖域、避難所）とも呼ぶべき場所（P132で述べた中間団体など）をそれぞれが見つけ出し、よりよい生き方を読者の皆様が選択できるようになることを祈っています。

佐藤優

ま行

や行

ら行

わ行

た行

な行

は行

索引

●参考文献

『マルクス　資本論』（全 9 冊） エンゲルス（編）、向坂逸郎（訳） ／岩波文庫

『いま生きる「資本論」』 佐藤優／新潮社

『池上彰の講義の時間　高校生からわかる「資本論」』 池上彰／集英社文庫

『100分de名著　カール・マルクス「資本論」』 斎藤幸平／NHK出版

『人新世の「資本論」』 斎藤幸平／集英社新書

『図解　資本論　未来へのヒント』 齋藤孝／ウェッジブックス

『1 分間資本論』 齋藤孝（監修） ／ SB 新書

『明日を生きるための資本論』 的場昭弘（監修）／青春出版社

『超入門　資本論』 木暮太一／日本経済新聞出版

『マルクス 資本論 シリーズ世界の思想』 佐々木隆治／角川選書

『武器としての「資本論」』 白井聡／東洋経済新報社

『資本主義とお金のしくみがゼロからわかる！ マルクスの資本論 見るだけノート』 白井聡（監修）／宝島社

『図解 社会経済学―資本主義とはどのような社会システムか』 大谷禎之介／桜井書店

『マルクスその可能性の中心』 柄谷行人／講談社学術文庫

『力と交換様式』 柄谷行人／岩波書店

『the four GAFA　四騎士が創り変えた世界』 スコット・ギャロウェイ／東洋経済新報社

『ヤンキー経済　消費の主役・新保守層の正体』 原田曜平 ／幻冬舎新書

『資本主義リアリズム』 マーク・フィッシャー／堀之内出版

●スタッフ

編集：佐藤裕二（株式会社ファミリーマガジン）
執筆・執筆協力：佐藤裕二、水野春彦、髭郁彦
カバー・本文イラスト：長野美里
写真：読売新聞／アフロ（帯）、森清（奥付）
本文・カバーデザイン：山之口正和＋齋藤友貴（OKIKATA）
DTP：内藤千鶴（株式会社ファミリーマガジン）
校正：玄冬書林

監修者：佐藤 優（さとう・まさる）

1960年、東京都生まれ。作家、元外務省主任分析官。1985年、同志社大学大学院神学研究科修了。外務省に入省し、在ロシア連邦日本国大使館に勤務。その後、本省国際情報局分析第一課で、主任分析官として対ロシア外交の最前線で活躍。2002年、背任と偽計業務妨害容疑で逮捕、起訴され、2009年6月に執行猶予付き有罪確定。2013年6月、執行猶予期間を満了し、刑の言い渡しが効力を失った。『国家の罠 外務省のラスプーチンと呼ばれて』（新潮社）で毎日出版文化賞特別賞受賞。『自壊する帝国』（新潮社）で新潮ドキュメント賞、大宅壮一ノンフィクション賞受賞。

なぜ格差は広がり、どんどん貧しくなるのか？

『資本論』について 佐藤優先生に聞いてみた

2023年7月11日　第1刷発行

監修者	佐藤　優
発行人	土屋　徹
編集人	滝口勝弘
編集担当	神山光伸
発行所	株式会社Gakken 〒141-8416 東京都品川区西五反田 2-11-8
印刷所	中央精版印刷株式会社

●この本に関する各種お問い合わせ先
・本の内容については、下記サイトのお問い合わせフォームよりお願いします。
https://www.corp-gakken.co.jp/contact/
・在庫については　Tel 03-6431-1201（販売部）
・不良品（落丁、乱丁）については　Tel 0570-000577
学研業務センター　〒354-0045 埼玉県入間郡三芳町上富 279-1
・上記以外のお問い合わせは　Tel 0570-056-710（学研グループ総合案内）